授業研究の病理

宇佐美 寛

東信堂

はじめに

これは大学の授業と授業研究との現状を批判した本である。しかし、〈授業〉というものの本質は、小学校・中学校・高等学校と大学とで変わりは無い。同じである。大学以外の読者にも考えていただきたい問題を提出しているつもりである。「大学」という字を頭の中でそれぞれ他の校種に置きかえながらお読みいただきたい。

この一月の間に、十冊ほど大学の授業に関わる本を読んだ。

いずれも粗雑な文章であった。読み進めるのが苦痛であった。書く能力と読む能力とは密接に関連している。いや、表裏一体である。教育学者（より広く言えば教育研究者）の読み書き能力は、相当ひどい状態である。この読み書き能力で、いったいどんな授業研究が出来るのだろう。

右のような批判をした以上、もちろん後の諸章で「相当ひどい状態」の実例を示す。

この低学力状態は、大学の授業（そして授業研究）が荒れて貧困なままでさっぱり良くならない最大の要因であろう。

私は、この六年間に二冊、大学の授業についての本を書いた。左の二冊である。

1.『大学の授業』東信堂、一九九九年

2.『大学授業の病理――FD批判――』東信堂、二〇〇四年

両方ともよく売れている。大学教育についての専門書としては、破格の売れかたらしい。

しかし、正確に、誠実に読まれているかどうかは別問題である。

この二冊の主張は、その基礎に次のような原理を含んでいる。

一、授業は道徳（規律・礼儀）をも教えるべきものである。

二、教えるべき概念は分析されねばならない。学生の思考は、分析により具体例と明確に結びつくべきである。

三、右の一・二の原理と五分以上も教師が話しつづける〈講義〉という因習とは両立し得ない。〈講義〉は廃棄されるべきものである。

四、「授業イコール講義」と思い込む因習枠にとらえられた不自由な思考では、授業研究は出来ない。

ところが、私が読んだ十冊ほどの大学の授業に関わる本には、右の原理を理解し正対しているものは無い。「こんな粗末な文章を書くような頭では、おれの本は読めなかったのだろう。」と思う。

しかし、自分の思想はかわいい。ねばって、もう一冊書く。前の二冊の主張を解説する。角度をずらし、材料を変えて、特に授業研究の範囲を重視して、念を押す。これが本書である。

『大学の授業』『大学授業の病理』それにこの『授業研究の病理』、この三冊の攻撃範囲には、共通の部分と異なる部分とが有る。（普通は「守備範囲」と言うところだが、それでは景気が悪い。力が無い。）この三冊をあわせ読めば、旧い授業、旧い授業研究に対する幅広く力強い総攻撃になる。どんな石頭にも強い衝撃が生じ、よくわかるだろう。

ぜひこの三冊をあわせ読んでいただきたい。

この「はじめに」を読んで反感をいだいた読者もいるだろう。「宇佐美はいばっている。大口をたたいている。宣伝的である。」などという反感である。そのような読者も、この三冊をあわせ読めば、反感は春の淡雪のようにあっさり消える。「なるほど宇佐美は当然の道理を控え目につつましく書いていたのだ。」と納得し共感するだろう。

ぜひ試みていただきたい。

私の自己紹介をする。『大学授業の病理』iii－ivページに書いた文言をここにそのまま転用する。次のとおりである。

著者である私が何をしている人間なのかについての予備知識は要るだろう。それが無いと、読者の思考も不自由だろう。

三十三年間、千葉大学教育学部にいた。教育学の諸科目、主として「道徳教育」という科目を教えた。「停年退官」後、四―六の大学（年によって増減が有る。）で、非常勤講師をしている。授業する科目は「日本語表現法」・「国語表現法」・「論理学」・「文章表現法」・「看護と倫理」等である。最後のものを除いて、いずれも論説的文章の読み書きの指導である。

詳しくは、巻末の「著者紹介」を見ていただきたい。

東信堂社長・下田勝司氏は、著者の志に共感され、前二著と同じくこの本にも貴重な御配慮を賜わった。篤く御礼申し上げる。

二〇〇五年四月一六日（七十一歳の誕生日）

宇佐美　寛

授業研究の病理／目次

授業研究の病理

第1章　教育学者の読み書き能力

京都大学高等教育研究開発推進センター主催の「第11回大学教育研究フォーラム」（二〇〇五年三月二一―二三日）において総括講演をするようにとのお話を頂いた。光栄なことであった。「講義をやめよう」という題で話した。

この講演の準備の意味もあって、今年（二〇〇五年）の初めには、大学の授業に関わる本を十冊ほど読んだ。いい勉強になった。特にこの第1章で論ずるような粗悪な文章の本を読む機会が生じたのはよかった。我が国の教育学の惨状をあらためて考えさせられる刺激になった。

右センターの御学恩に御礼申し上げる。

児玉善仁・別府昭郎・川島啓二編『大学の指導法』（東信堂、二〇〇四年）という本が有る。その「第2章 指導法・評価法の歴史と現在」に次のような文章が有る。（この章の筆者は堀井啓幸氏である。）

> もちろん、宇佐美寛が指摘するように、先達から学ぶ具体的な指導法・評価法は少なからずある(5)。しかし、優秀な研究者であり、教育者であった先達の事例は、名人芸的なとらえ方しかできない部分があり、総論としてみた場合、やはり、今日、多くの教員が指導法・評価法を見直すきっかけは、一九六〇年代の大学紛争にあったといえよう。〔同書三五―三六ページ〕

右の(5)は、もちろん注(5)であるが、そこには次のような注が書かれている。〔同書四四ページ〕

> (5) 宇佐美寛は、『大学の授業』東信堂、一九九九年において、東京教育大学時代の恩師の話を引用しているが、そこでは偉大な教育学の先達が教師としてもいかに優れていたかが示されている。

この堀井氏という人は、私の『大学の授業』を読んでこの文章を書いたという形をとっている。

しかし、うそだらけである。

「宇佐美寛は、……〔略〕……東京教育大学時代の恩師の話を引用している」……「恩師の話」という文言は多義的である。恩師が語った話か。それとも恩師についてだれかが語った話か。そのいずれにしても、『大学の授業』には、そのような「引用」は、どこにも無い。

「引用」とは、他の文章の一部分を書き写すことである。私は、「恩師」に関わる文章を書き写した覚えが無い。あらためて『大学の授業』を読みなおしたが、そのような引用は、どこにも無い。狐につままれた思いである。

だから、それにともなって当然「そこでは偉大な教育学の先達が教師としていかに優れていたかが示されている。」もうそである。「そこ」とは、どこか。拙著の何ページか。そんな箇所は無いのだから、堀井氏は答えられないはずである。

私は、この『大学の授業』の三箇所で「引用無きところ印象はびこる」という金言を書いた。引用しないから、自分の勝手な印象で色をつけてまとめたのである。まとめられたもとの論者(この場合は宇佐美)は迷惑する。

この堀井氏の場合は、「引用無きところインチキはびこる」と評した方がいい。

『大学の授業』に出てくる東京教育大学時代の教育学の教師は、石山脩平、大浦猛の二氏である。私はこのお二人から教えられるものはいろいろ有ったが「偉大」だとは全然思っていない。(俗に世評がいう「大先生」かもしれないが。)

そもそも、教育学などという三流、四流の学問分野においては偉大な研究者などというものは存在し得ないのである。劣等な学問分野において「偉大」であることは不可能である。

私自身、この年齢になると、今までに「偉大な(あるいは、偉い)教育学の先生」だというお世辞で聴衆に紹介されたことが二度有る。「乞食国の王様」とか「どろぼうの大親分」と言われているような奇妙な気分だった。

読者諸賢は「なぜ教育学が三流・四流の学問なのか!」と怒るだろうか。私は、劣等な学問である証拠を既に示したではないか。他の研究者の言説を引用もせず、自分の好きなように、ほしいままに(恣意的に)利用する文章が論文としてまかり通る。宇佐美に迷惑をかけ、宇佐美に自分の思い込みを押しつけている利己的な文章の書き手、引用について何の訓練も受けていない幼稚な「研究者」でも、大学の教員であり得る。こんな分野の学問が一流、二流であるはずがない。

また、右の堀井氏の「インチキ」の問題を別にしても、多くの教育学研究者は、宇佐美には教育学を「三流、四流の学問」とののしる資格が有ると認めてくれるであろう。私は四十年にわたって教育学の「三流、四流」性に抗議し、批判をつづけてきた人間だからである。

例えば、いわゆる「出口」論争には、東京大学の吉田章宏氏、稲垣忠彦氏の読み書き能力の低さ、はぐらかしや逃避という卑劣な態度がよく現われていた。『「出口」論争とは何か(宇佐美寛・問題意識集1)』明治図書、二〇〇一年、をお読みいただきたい。

また例えば、『〈実践・運動・研究〉を検証する(宇佐美寛・問題意識集9)』明治図書、二〇〇三年、をお読みいただきたい。その「序」には、私は次のように書いた。(同書六―七ページ)

> 教育学は教育を研究する学問である。「当り前だ。」と笑われるかもしれない。しかし、わが国では実態はそうなっていない。

例えば、学会大会での発表の多くは、外国の思想家が何を言っているかの紹介か祖述にすぎない。日本の現実から目を離し、他の偉い人の受け売りをしているわけである。

現実の教育実践を無視・軽視しているのであり、自分自身の考えが無いのである。現実に対して誠実でなければ、自分自身の立場が明確になるはずがない。事大主義・知的植民地根性で、まともな研究者になれるはずがない。

研究とは、他の人がまだ言っていない新しい結論を主張することである。

これは全く当然の常識のはずである。ところが、今の日本では、この原理で生きようとすると、いろいろ苦労する。様ざまな戦うべき相手がいる。不当な被害を受ける。

この巻には、そのような苦労・戦い・被害の一部分が明らかにされている。

教育の事実を明らかにするためには、自分の感情に流されてはいけない。しかし、自分を保ち、自分に正直でなければならない。粗大な見ばえのいいスローガンに酔ってはいけない。目線の低い具体的な言葉で実践を語ることが重要である。この巻は、そのような言葉を使う方法を書いたことにもなっている。

「そのような苦労・戦い・被害」を体験しなければならないのが、わが国の教育学界である。

「もちろん、宇佐美寛が指摘するように、先達から学ぶ具体的な指導法・評価法は少なからずある(5)。」……これも、まったくのうそである。私の『大学の授業』には、そんな「指摘」など全然無い。無いという事実は、(無いのだから)ここに引用して示すことは不可能である。この堀井氏の方が宇佐美の「指摘」なるものを引用して示すべきなのである。つまり、立証責任は堀井氏にある。

また、私は「先達から学ぶ具体的な指導法・評価法は少なからずある。」などと思ったことさえ全く無い。逆に、教育学の先達から授業の実践について学ぶことはほとんど無いと思っているのである。石山、大浦両氏にしても、授業の方法はへたであった。授業方法を工夫しようという自覚は無かったのだろう。因習的な講義だった。このように思っている私が、「……少なからずある。」などという、とんでもない「指摘」をするはずがない。

これは私の名を利用したのである。私が言いもしない(言いたくもない)ことを言った(「指摘」した)とするうそである。不公正なやり口である。……堀井氏は、ここまで非難されたのだから、宇佐美の「指摘」なるものを引用によって示すべきである。

特に「指摘」という語について論ずる。

宇佐美が何か文章を書いたのを他者(この場合、堀井氏)は、何の根拠で「指摘」だと決めるのか。「指摘」ではなく、「判断」・「報告」・「記述」・「主張」……等、他の多くの語を選ぶ可能性も有ったはずである。それなのに、なぜ「指摘」なのかが、氏の文章において明らかになっていなければならない。

「指摘」とはかなり明瞭な、疑義の余地が無い言語行為である。「前後を解釈すると指摘したと言える。」などという推量によるものではない。(もちろん、宇佐美自身が「私は次の事実を指摘する。」とでも書いていたなら、話は別である。)

堀井氏は宇佐美が実際に何と書いていたのかを引用によって明示しない。(指摘なら引用できるはずである。)そして、宇佐美が何かを「指摘」したのだと勝手に色づけ(slanting)する。

slant の語意を to tell so as to express a particular bias と書いている辞書が手元に有る。(Webster's New World Dictionary of the American Language, 1983)

具体的な情報は読者に与えず、色づけした加工ずみの抽象的なまとめ言葉だけを与える。「宇佐美はそう指摘したのだと私がまとめたから、それを信じろ。」という自己中心的な態度である。(読者諸賢はここで首相小泉純一郎氏の国会答弁を思い出すかもしれない。野党議員が具体的事実を示しても、都合が悪い事実ならば触れないで、色づけした抽象論で逃げるという形式の答弁である。)

まとめの抽象論に色づけをしのびこませる。具体的事実は避ける。……もちろん、このような言葉使いは、堀井氏に限らない。多くの教育学者(教育研究者)の書き物に見られる症状である。

例えば、次のような文章である。〔 〕の中は宇佐美による批判である。

> レポートの中である学生は「授業とは知識を与える場である」と断言しているが、こうした学生には、「授業とは教師が何かを与えてくれるもの」という固定観念があるように感じられる。たしかに、学生がこれまで受けてきたであろう高校までの授業の多くは、〔なぜ「であろう」と推量しているのか。高校

までの授業を受けてこないで、どうして大学に入れるのか。また、「高校までの授業」の中には高校の授業が含まれないと解釈されるのが自然である。「これまで受けてきた大学までの授業」の中には大学の授業は含まれないだろう。結局、「大学に入るまでに受けてきた授業」とでも書けばいい。……宇佐美〕「知識は与えられるもの」と感じさせるものであったかもしれない。また、そこに「自分」というものを介在させる必要はなかったかもしれない。たとえば、数学の方程式を学ぶ際にそれが「自分にとってどういう意味があるのか」を考えることは、学習を鈍らせこそすれ、解を得るための必要条件ではなかったからである。〔京都大学高等教育教授システム開発センター編『大学授業研究の構想』東信堂、二〇〇二年、一四四ページ。この部分は田口真奈「第4章『考える』力の育成をめざした授業の構造」である。〕

「『授業とは知識を与える場である』と断言しているが、」……それが断言なのかどうかは読者にはわからない。筆者が勝手に色づけして「断言」と称しただけである。この学生のレポートをもっと長く（今、私が田口氏の文章から引用したように）引用して、情報を読者にも知らせなければならない。この学生に「固定観念」が有るかどうかについても同様に学生のレポートを引用して情報を読者と共有する開かれた態度をとらねばならない。

自分だけの色づけ語によるまとめこそが「断言」であり「固定観念」である。

具体的な情報を読者に共有させようとすれば、筆者には、次のような問いに答えねばならないことが見えたはずである。

1．「授業とは知識を与える場である。」……この命題のどこが悪いのか。知識無しには考える力など育ちようがない。

2．また、「与えられた知識」と「自ら得た知識」を区別するのは、きわめて困難である。むしろ、不可能ではないか。田口氏は、この文章を書くに当って様々な知識の集積に頼っていたはずである。（例えば、日本語の様ざまな知識である。）どの知識が与えられた知識で、どの知識は自ら得た知識なのかを区別する方法を自身の実例に即して示してもらいたい。

3．数学の方程式を学ぶのに「自分にとってどういう意味があるのか」を考えるのは、単なる逸脱である。だれも、そんな次元を超え飛躍するとっぴな思考はしない。方程式の根拠と用法を十分に多様に考えれば、学習の意欲は強まるのである。「自分にとって」の意味など一々考えなくてもすむ。

4．知識が乏しいから考えないのである。あるいは字面（あるいは音）だけの意味が乏しい言葉を「知識」だと誤解しているから、考えさせることが出来ないのである。

5．具体的な知識が十分に有り、かつそれらが矛盾・衝突しあう関係が有れば、学生は考えざるを得なくなる。知識相互の関係によって思考が働くのである。いわば「知識力学」理論である。（私は、次章以下で、それを具体例によって示すつもりである。）与えられた知識かどうか（つまり、知識の由来）など、その知識が思考に使われれば、どうでもよくなる。

色づけ語で粗くまとめていると、この1―5のような発想は出てこない。

この「色づけ」（slanting）の問題は、拙著『大学授業の病理』（東信堂、二〇〇四年）の「第5章　スローガンを排す」

で述べた内容と密接に関連している。そちらをも読んでいただきたい。

また堀井氏の悪文の吟味にもどる。

「優秀な研究者であり、教育者であった先達の事例は、名人芸的なとらえ方しかできない部分があり、」

「注」では「偉大な……先達」と書いているのである。「偉大」と「優秀」とでは大分違う。私は、優秀な学生を教える経験は有る。しかし、偉大な学生など教えたことがない。

「優秀な」という形容句は、「研究者」にのみかかる。「……であり、教育者であった」の「教育者」にはかかり得ない。つまり、どんな愚かで稚拙な教育者であっても、その人から学ぶべきだという主張なのである。（前の行の「具体的な指導法・評価法」のナカグロが利いている。ナカグロなら、「具体的な」という形容句は「指導法」にも「評価法」にもかかり得る。つまり、こちらも「優秀な研究者・教育者」とでも書くべきなのである。）

「名人芸的なとらえ方」とは、とらえ方、つまりとらえる方法が名人芸的だという意味になる。英文の論文を読む時、目にもとまらぬ速さで、さっさとページをめくる人がいる。意味はちゃんととらえて読んでいるのである。これが意味の「名人芸的なとらえ方」である。つまり、名人は読み手なのである。意味をとらえられている論文の内容は全然、名人芸的ではない愚劣・稚拙な内容かもしれない。

同様に、この場合は、先達の事例を解釈する者の頭のさえが名人芸的なのだという意味になる。先達の方は名人芸ではなく愚鈍でもかまわない。

だから、（悪文を直してやると）**「名人芸」として解釈するしかない**とでも書けばいいのである。

「……部分があり」……他にはどんな部分がいくつ有るのか。部分相互の間にはどんな相互作用が有るのか。

「総論としてみた場合、」……では各論は何か。いくつ各論が有るのか。

「今日、多くの教員が指導法・評価法を見直すきっかけは、一九六〇年代の大学紛争にあった」……指導法・評価法を自ら見直す教員など微々たる少数である。読者諸賢の大学について考えればわかる。多くの教員は無関心である。あるいは、お義理にＦＤにつきあっているだけである。「多く」ではない。

「一九六〇年代の大学紛争」が今日の教員にとっての「きっかけ」だとは、奇怪な時間感覚である。ＳＦにおけるタイムスリップなのだろうか。一九六〇年代の大学紛争（例えば、一九六八年からの「東大闘争」）の時代には、今日の大学教員の大部分はまだ大学生以下の年齢だったはずである。経験も無かったはずである。その大学教員にとって、なぜ大学紛争が「指導法・評価法を見直すきっかけ」になり得るのか。

私はあの時代、助教授だった。紛争にあたって、学生とどなりあったり、もみあったりした。また、ずいぶん彼らと議論をした。しかし、指導法・評価法を見直そうなどという意識は生じなかった。私だけでなく、私のまわりの教員も同様である。（学生は、「教育」・「大学」の「本質」を問い、権力と大学教育との関係を論じた。私の意識も、そのような問題には向ったが、授業での「指導法・評価法」などとは無関係のままであった。）

堀井氏がどんな歴史的事実を指しているのかは全く不明である。事実を具体的に示せばいいだけのことである。つまり、実証的な文章を書くべきなのである。それをしないで、一人合点で「きっかけ」と言い、「……といえよう。」と結ぶ。一人で言いたがっているだけである。

私が半年指導した学部学生の作文の方が、この悪文よりはるかに質が高い。はるかに明確である。何を意味しているのかが明瞭である。（例えば、『大学の授業』八五―八七ページ、一一一―一一二ページに載せた学生の作文である。）

私自身も、もちろん実証的な文章を書くように努めてきた。堀井氏の文章のように引用抜きで「……指摘する。」と色づけするような不公正な文章は書かない。

他者の言説に関して書く文ならば、次のような形式の文体で書く。

> ○○氏は次のように言う（書く）。
>
> 〔○○氏の文章の引用〕

「言う」や「書く」のような広い（色づけが無い）語を使うのである。これにより、「○○氏は……指摘する」「○○氏は……断定する」のような書き手の創作によって汚染された文章、実証度が低下した不透明な文章になるのを防ぐのである。

言いかえれば、○○氏の言った（書いた）ことをそのまま読者に提供し、その言が「指摘」「報告」「主張」「断定」……等のいずれであるかの判断は読者にゆだねるのである。読者の判断の権利を尊重するのである。

私は学部の一年生にも、このように指導している。大学院まで行った学歴のこの大学教員は、そういう指導を受けたことが無いのだろう。あわれである。

II

前出の『大学の指導法』という本の一四二―一四三ページには、次のくだりが有る。「第8章　授業評価と指導法の改善」の一部分である。いわゆる「学生による授業評価」に関わる部分である。筆者は沖清豪氏である。

現在の授業評価が前提としているもう一つの特徴は、従来意識されにくかった学生の意見を教育活動全般に反映させることを目指している点である。これについては、
一　学生の満足度などを統計的に把握するためのもの
二　学生の理解度を把握するためのもの
三　教員の授業に関する技能を学生の目を通じて把握するためのもの
といった類型化が可能である。特に二と三は指導法改善に直接働くものとなるが、一方で理解度も知識も覚束ない学生にこうした評価を行わせる必要はないという意見も根強く存在している(7)。

(7)は注(7)である。それが書かれている一五二ページを見る。次のように書かれている。

(7)　宇佐美寛『大学の授業』東信堂、一九九九年参照。

これでは、宇佐美が「理解度も知識も覚束ない学生にこうした評価を行わせる必要はない」という意見の持主だ

ということになる。私は『大学の授業』で、こんな愚劣な意見は述べていない。「こうした評価を行わせる必要はない」などと書いたことは無いし、考えてもいない。

私は「必要はない」と書いたのではない。「まことに有害である。」と書いたのである。

証拠を左に引用する。『大学の授業』一七二ページである。

> このような学生に授業評価をさせ、「自分はこの授業について評価するほどのレベルの人間なのだ。」という幻想を持たせるのは、甘やかしであり、まことに有害である。「遅刻・欠席をする自分、引用の誤りを何回もくり返す自分、ノートのとり方から指導されねばならぬ自分、復習をせず前時の内容の復誦が出来なかった自分、今までマンガの雑誌しか読んでこなかった自分であっても、この授業を評価する資格があるのだ。」という幻想は、学生の自己イメージを分裂・混乱させる。

「有害」なことは、してはならない。「必要はない」ことならば、「念のためにしておこう」という決定が出来る。

沖氏の学力は、日本語のこんな日常的語句の意味の理解も「覚束ない」程度なのだろう。

拙著から引用しないのが悪いのである。引用しないから、あさはかにも、「宇佐美の言っているのは大体こんなことだった。」と自分自身の理解度に合わせた要旨をでっちあげる。

またしても、「引用無きところインチキはびこる」である。

小学校以来の、要約は教えても引用は教えない国語教育も悪いのである。

私は、拙著『国語教育は言語技術教育である（宇佐美寛・問題意識集2）』明治図書、二〇〇一年、に次のように書いた。（同書二二―二四ページ）

学生は、小・中・高を通じて、引用については何も教わっていない。「他人の言説について意見を言うなら、必ず引用すべきだ。証拠を示されずに意見を言われる相手は迷惑だ。」という原理さえわきまえていない。「引用は、原文を一字たりとも変えてはいけない。」という原理も教わっていないから、当然「ママ」も知らない。

手元の国語教育関係の事典三冊を見た。いずれにも「引用」の項は無い。学習指導要領にも「引用」の位置づけが無い。また、管見するところ、国語教育学界には引用指導の研究も無い。そのくせ（と、あえて言う）「要約」・「要旨」については、実践も研究もかなり有る。もちろん、学習指導要領における位置づけも有る。

この現状は間違っている。〈要約〉と〈引用〉とは、次のような意味で、密接な関係にあり、相補的なものだからである。

他人の書いた文章を要約するというのは本来、無礼の所業なのだと思うべきである。私も、文章を書く者として、そう実感する。私の文章は拙いだろうが、一字一語にも責任を持ちたい。読点の一つでも意味を意識してつけているつもりである。全ての語は、それ独自の意味を持っている。つまり、別の語に置き換えることは不可能なのである。別の語に代えれば、別の意味になる。筆者は、そう書きたいからこそ、その語を使っているはずなのである。だから、筆者は、他人に要約されると一種の違和感を感ずる。「要約が正しいのなら、最初から、その要約文をおれの文章の代りにしたらどうだ。

おれは何のためにこの文章を書いたのか。」と言いたくなる。

学生は、前述のレポートの中で、私の文章を要約して、「宇佐美氏は……と言っている。」などと書く。これに対しては、私は、次の趣旨を話す。

1.「……と言っている」と書くなら、……の部分は必ず引用でなければならない。引用符等でそのことを明示しなければならない。2.要約ならば「……という意味のことを(という趣旨を)言っている」と書け。3.しかし、この要約は間違っている。要約は、たいてい原文からずれる、困難なものである。君たちの貧弱な言語能力ではなおさら困難である。4.だから、なるべく要約はするな。引用せよ。必要な箇所だけを適切に引用する努力をせよ。そのために、〔略〕の使い方を工夫せよ。要約と引用の組み合わせも工夫せよ。

引用が出来ない者には、要約はなおさら出来ない。引用を教えずに要約を教えるのは間違っている。

他人が精魂こめて書いた文章の引用や要約は、ある目的があるからこそ許されるのである。前述のレポートの場合で言えば、筆者でも授業者でもある私とのコミュニケーションのためである。このコミュニケーションは、筆者の主張に対する意見を筆者に伝え、筆者の対応を引き出すためのものである。筆者自身が直ちに反応してくれるのが学生のためになる。引用・要約が、どの箇所についてどんな形になるべきかを意識しやすいからである。つまり、「この引用・要約で宇佐美先生に対する痛い批判になるだろうか。」と考え、めどがつくのである。

ところが、一般に要約の指導は、これとは大分違う。右のようなコミュニケーション状態に根ざした目的が無いのに要約を要求している。何のための、だれのための要約なのかが不明なのである。だから、めどがつかない。この不自然な無状況・無目的性と引用指導の欠如とが合わさるので、ひどい頭が出来るのである。前述のように、一度作った印象に頼り文字面をばかにし目を文章から離して論評する大ざっぱな頭である。「高級」な「インテリ」の頭である。受験の観点での「出来る」子は、こういう頭になる傾向が強いのではないだろうか。二つの大学で教えていて、そう思う。

　言葉は目的・状況を持ったコミュニケーションに使われる。言語技術教育は、この具体的な目的・状況における言葉の使用を教えるのである。この要件を欠くとき、言葉は粗末に（詳しく調べられずに）、粗雑な印象で解釈されながら教えられ学ばれることになる。


私の弟子が、この沖氏のように私の著書を歪めた粗雑な紹介をしたとする。私は言う。

「君はバカか、ワルか、ボンヤリか。それとも三種混合か。」

沖氏は『大学の授業』が読めなかったのか。読む能力が無かったのか。（つまり、バカか。）

それとも故意に歪めた紹介（宇佐美が言いもしないことを、言ったこととする紹介）をしたのか。（つまりワルか。）

それとも居眠りしながら原稿を書いていたら、あんな粗雑な文章が書けてしまったのか。（つまりボンヤリか。）


私の「有害」論は、「学生による授業評価」が「かくれたカリキュラム」（a hidden curriculum）として学生に悪影響を及ぼすという趣旨である。道徳の問題である。

沖氏は、この範囲までをにらんだ論理で書かねばならない。そうでなければ、拙著についての言及など出来ない。

しかし、「かくれたカリキュラム」問題、道徳問題といった複雑な問題を論ずるには、氏の読み書き能力は低すぎる。

「理解度も知識も覚束ない学生」……なぜ「理解度」と「知識」と二つを書き分けるのか。この二つは違うのか。どう区別するのか。なぜ「理解度」と、「理解」にだけ「度」がつくのか。なぜ「知識度」ではないのか。理解が無い知識などというものが有るのか。

とにかく、こんな稚拙な学習観につきあわされるのは迷惑である。注で私の著書の参照を求められれば、たいていの読者は、これが宇佐美の学習観なのだと誤解する。迷惑である。

ここでは詳説する余裕も必要も無いのだから、簡単に言うと、私は知識一元論者である。授業は何かを知らしめればいい。また、それ以外のことは出来ないのである。この主張の説明については次の拙著をお読みいただきたい。

『論理的思考と授業の方法（宇佐美寛・問題意識集7）』明治図書、二〇〇三年

「……意見も根強く存在している。」……だれの意見かは知らないが（絶対に宇佐美の意見ではない）、その意見は「根強く存在している」のだそうである。

「根強く」とは、どのような事態か。例えば、オウム真理教は教祖が殺人罪等で起訴され裁判が進行中であるが、そのような状況でも、少数の熱烈な気持ちの信者がいるようである。これは「根強く」信じつづけているのか。また、「〇〇議員は地元△△市では根強い支持がある。」という文が有る。支持者の気持ちは熱烈でなくてもいい。選挙のさい投票してくれるだけの人でも相当数存在すれば、「根強く」支持されているのである。数の問題である。

この(稚拙な、だれのものとも知れぬ)意見が「根強く存在している」とは、どんな事実に基づいて言えることなのか。沖氏は、意味不明の「根強く」などという色づけ語に頼らず、氏が知っている事実をこそ書くべきなのである。文章は実証的であるべきである。

沖氏の文章の他の部分も意味不明な箇所が少なくない。

「特に二と三は指導法改善に直接働くものとなる」……氏の文章によれば、二と三とは、単なる「類型」である。頭の中の分類結果の観念にすぎない。そんなものが「指導法改善に直接働く」はずがない。指導法改善に直接働くのは個々の教員である。人間である。

人間ではない、観念・理論がそれ自体で(生身の人間に担われず)「働く」というのは、観念論的擬人法である。教育学者の人間不在の方言(jargon)である。いつでも、「その現場の当事者という人間が何をするのか」にまで追いつめて考えるべきなのである。

この擬人法の害を念頭において氏の文章の次の文型をも検討していただきたい。

「現在の授業評価が前提としているもう一つの特徴」……授業評価は人間ではない。だから、前提とするという思考活動を行うはずがない。

「特徴は……反映させる」……「特徴」は人間ではない。だから、反映させるという行動は出来ない。

「特徴は……目指している」……「特徴」は人間ではない。だから、目指すという活動が出来るはずはない。

教員は何をするのか。何をすればいいのか。それが不明な擬人法である。人間不在なのである。

堀井・沖両氏の非論理的で稚拙な文章が、不公正・不正確な形で宇佐美を引きあいに出して（宇佐美に refer to している。宇佐美は共犯者的役割を押しつけられた。迷惑した。

この責任は両氏だけではなく、何ほどかは、この『大学の指導法』の編者である三氏にもあるだろう。本の編者というものは、集まった原稿の中身も見ずに機械的に印刷所に送るのか。何らかのチェックをするのが常識ではないのか。

私は、このような教育学者による授業にも、授業研究にもまったく期待しない。

このような非論理的な文章では、何を論じ何を明らかにしたのかが、だれにもわからないはずである。学界というものの本質である異なる立場との論争など成り立ちようもない。

私より若い世代の研究者がこの状態なのだから、私は日本の教育学の前途に何の希望も何の幻想も持ち得ない。なぜ、こんなに粗雑な文章しか書けないのか。「言わねばやまじ」という闘志が無いからである。どうしても論破あるいは説得したいという「敵」（対立者）が不在だからである。教育現実から遠く遊離した抽象論だから、「敵」などいないのである。

今までの研究では間違いだ、何とか自説が正しいことを明らかにしたいという対立・批判無しで、なぜ研究なのか。研究とは必ず旧い研究との対立であるはずである。

「敵」が有れば、反撃されないように、詳しく、すき無く書きたくなる。読者が支持してくれるように、しつこく親切に書きたくなる。そういうコミュニケーションとして文章を書くから、どういう言葉を選んで、どこに力点を置いて、どこまで詳しく書くべきかの目安がわかるのである。

私は、特に千葉大学教育学部長時代に、このことを痛感した。学部長としての考えを会議の場で述べるには時間の制約が厳しい。だから、「学部長意見書」という文章を教員全員に配った。私の考えを書いたのである。その都度、目的が明確である。宇佐美学部長の路線のために、一人でも多くの教員の理解・賛成が欲しい。「敵」を論破し封鎖したい。自ずから緊張し、明瞭な目当てで有効な、意味性（関連性）つまり relevance の濃い言葉を選んだ。書いていて、ある種の快さが有った。作文力を伸ばすためには、良い経験であった。（relevance については、後述する。四三ページ）

二十回ほどこの「学部長意見書」を書いたが、その中の三回分を「付録」として巻末に収める。「敵」が有る文章、「敵」を覚悟した文章とはどのようなものかを見ていただきたい。

私の批判を受けた人は「反論したい。」と思うかもしれない。反論があるのならば、その反論は宇佐美に対する私信であってはならない。

私は、学問上の批判を活字にして公表したのである。反論があれば、公表の形をとるべきものである。私信は私の対応を義務づける資格が無い。私信をもらっても、対応の返事は書かないだろう。

右は、学界の当然の常識であるが、念のため記した。

第2章　概念分析を教える授業

前記のように(三ページ)、京都大学高等教育研究開発推進センター主催「第11回大学教育研究フォーラム」における私の総括講演は、「講義をやめよう」であった。

講義をやめてどんな授業にするか。その場でモデルを一つ示そうと思った。

大きな概念を未消化で語るから、しゃべり通しの一方的な講義しか出来ないのである。

「ちょっと待てよ。それは正しいか。」「こういう文句をつけて疑うとどうなる?」「それには、どんな例が有るのか?」「これと反対の例を示す。どう説明するか。」……こういうふうに、概念を疑い、いじり、ころがし、いじめるのである。

これは、何か特殊・異常の方法を勧めているのではない。概念を得るとは、このように概念をいじりまわし、砕くことなのである。

「総括講演」は六〇分という短い時間である。しかも聴衆の大学教員は様ざまな分野にわたっている。

だれにでもわかりやすい（予備知識が要らない）教材を少しだけ選んで、しつこくいじりまわそうと思った。

以下は、実際の講演では時間が足りず話せなかったことを大幅に補ったものである。つまり、時間が十分に有ったら、こんな授業をしたいと思った内容、および現に今まで私がしてきた授業の内容を足したものである。

講演のためにこのような準備をするのは、私の思考にとってまことに良い刺激であった。それまでに考えつき得なかったことをも考えつくことが出来た。つまり、発明発見をなし得たのである。右センターの御学恩に感謝申し上げる。

1

手近かにあり、全員が共有できる素材から始めよう。つまり、考えるための特別な予備知識が要らない、みなが知っている、なじみがある素材で問題を作るのである。（ここでは、前出の沖氏の文章から採った素材である。）

> **問題1**　「必要はない」と「有害である」との違いがわかるような例を考えなさい。

この二つの概念の違いが表れているような具体例を考えるのである。つまり、「A（「必要はない」）でありB（「有害である」）でもある」ような例ではない。あるものがAではあるがBではないような事実の例である。

このように指示して考えさせる場合は、必ず答えをノートに書かせるべきである。各自、全員がノートに書くのである。

私は拙著でイギリスの哲学者F・ベーコンの言葉を引用して次のように書いていた。(宇佐美寛『大学の授業』東信堂、一九九九年、二二一ページ)

> ベーコン(F.Bacon)は言った。
> 「読むことは内容のある人間を作る。」(Reading maketh a full Man;)そのとおりである。
> また、彼は言う。
> 「書くことは正確な(exact)人間を作る。」そのとおりである。

書くと、今までただ頭の中で考えていただけのことの欠陥・限界に気づく。緻密な内容になる。

書かせたら、次々に指名して、書いた答えを読み上げさせる。大きい声で、思いきってゆっくり読むのである。その指導もする。速すぎたらもう一度ゆっくり読ませる。他の学生の聞きとり考える余裕を保障するためである。

この答えはやさしい。必要はない(不必要である)ものを考え挙げれば、たいていは「有害である」ものではない。私が考えたのは、例えば次のとおりである。

(1) 店で買い物をする。レシートをくれるが、受けとらない、あるいは受けとっても、すぐ捨てる。「必要はない」ものだからである。「有害」だからではない。

(2) 京都へ来て二泊する。百万円ほど持って来た(と話は大きくしておく)。たぶん、このうちの数十万円は「必要はない」。しかし、持ってきたのが「有害」だというわけではない。

(3)　女子学生の一人に「おれと結婚しよう。」とプロポーズする。「その必要はありません。」などと断わったら、どうなるか。私のようにねばり強い男は「必要はなくても、念のため結婚しておこう。」と言う。ここは、やはり「その結婚は、私にとっても、社会にとっても有害です。」と言って断るべきなのだ。

このように、「必要はない」という概念は、「念のため」と両立し得る。レシートを受け取る必要はないが、念のため受け取って保管しておく。百万円持っていく必要はないと思うが、「念のため」と思い持っていく。

問題2　では、「無駄」はどうか。「無駄」と「必要はない」とは、どう違うか。「無駄」と「念のため」は両立するか。

問題3　ある学生が作文に「人生、無駄が要る。」と書いた。私は「要るものがなぜ無駄か。要らないものを無駄と称するのだ。とんでもない矛盾だ。」と評した。
この両者（学生と宇佐美）の言を論評せよ。

問題4　「必要悪」とは何か。**問題3**の「無駄」と関係が有るか。

これらの問題を与え、考えさせ答えさせるのである。

私の答えは、ここには書かない。入念に気のすむまで詳しく書くと、**問題2―4**だけでも本一冊分書くことになる。

ただ、授業の設計のためにこのような〈問題〉が何を意味するか、つまり、このような〈問題〉は授業でどんな益が有るかだけは書いておく。

一　教えるとは、概念を形成させることである。

二　概念は実際には他の概念と連続し絡みあっている。例えば、「不必要（必要はない）」という概念を持つのは、ここまでに書いたように、「要る」「有害」「無駄」「必要悪」……等々の概念を相即的に同時に持つことである。つまり、あることを知るとは、それと反すること、それとは差違のあること、同類のこと等を同時に知ることである。「おとな」という概念を得るのは「こども」「人間」等の概念を得ることでもある。

つまり、概念は、常に概念システムとして形成される。

三　概念は、経験の世界の中で働くべきものである。だから、私が「必要はない」や「有害」の概念について示したように、経験されるであろう具体例（レシート、百万円、プロポーズ）との結びつきが明らかでなければならない。具体例が言えないようでは知っていることにはならないのである。

例を挙げさせる。挙げられた例を比較・分類させる。それによって（「不必要」「有害」「無駄」「必要悪」等の）諸概念の関連や用法が明らかになる。——このような仕方で概念の内容を明らかにする思考を「概念分析」と呼ぶ。

このような思考を学生自身にさせるのには、〈講義〉という方法は不適当である。個々の学生の思考内容を見定めながら、小さい問題を与え、答えさせ、答えを吟味して助言する。ところどころで、適切な情報を与える。……このような、きめ細かい（小さいサイクルの）進み方は、一方的に五分以上も教師が話しつづける〈講義〉という方法では不可能なのである。

例を発想することは、自律的・創造的思考の本質である。例が言えなければならない。

私は授業で語句の意味を教える時、ほとんどの場合、その語句を使った例文をノートに書かせ、発表させる。具体例をあやつることが出来なければ、わかった（概念を形成した）ことにはならないのである。

論争で勝つのは、相手よりも具体的に論ずるからである。

ところが、学生は、たいてい辞書に書かれている他の語句への言いかえですませる。「分際」⇓「身分」というようにである。しかし、これだけでは使えない。つまり、「分際」の概念がわかったことにはならない。たいてい使われるのは「（たかが）……の分際で……！」という形である。（私は四十数年前は「助手の分際で……」などといやみを言われていた。）

英国の哲学者ウォーバトンは言う。

「明確な思考に必要なものは、具体例とそれが出てくる文脈・状況とに対する敏感さである。」（Nigel Warburton:

Thinking from A to Z, 2000, p.x)

そのとおりである。だから、学生は、具体例を豊富に蓄えるべきなのである。具体的に知らなければ発想は出てこない。自分の経験に基づいてわかるような具体例の集積が要るのである。

それなのに、学生は具体例を無視し、ノートしない。例えば、前出の「レシートを受けとらない」、「百万円ほど持ってきた」、「おれと結婚しよう」などの具体例は、ぼんやり聞いているだけである。ノートに書くのは「不必要と有害は違う。」といったまとめの抽象的文言だけである。それなら楽に書ける。ぼんやりしていられる。だから、悪いのである。

数十分ほどたって、私は復誦を課する。つまり、「さっき私が言い学生が発表した不必要と有害の違いを示す具体例は、いくつ有ったか。言いなさい。」と指示する。答えられない。「それでは、せめて、その中の五つを言いなさい。」と指示する。答えられない。

私は机間巡視して彼らのノートを見る。書いてあるものでも、せいぜいまとめである。

私は言う。「これはかすみたいなものだ。どうでもいい無駄なことを書いたのだ。『不必要と有害は違う。』などというかすに基づいて何か自力で考えられるか。考えるのは、具体例を操って考えるのだ。」

まとめの方が具体的素材より価値があるというのは、とんでもない奴隷根性である。だれか偉い人（この場合、教師）がまとめてくれた結論だけが大事だと思う卑屈な態度である。

原文の引用よりも抽象的要約を重視する偏向は、右の態度と密接に関連しあっている。

私は、あらためて、具体例の復誦をさせ、五例をノートに書くように指示する。

そして私は言う。「まとめだけ書けば短くて楽だろう。それに対し、具体例を書こうとすると相当の量を書くことになる。急いで書くことになる。自分だけが読める字でいい。どんどん書く。鉛筆の先から摩擦熱でぽーっと煙が出る速さだ。ボールペンの油性インクは引火しやすいから教室には消火器を置くという速さだ。」……さらに何分かたった時点で私は問う。

「さっき摩擦熱で煙が出る速さで書けと言ったが、それをノートに書いたか?」……四十人中の三人が手を挙げただけである。

「ああ、骨の髄まで抽象病・まとめ病に侵されたインテリの頭には、ありがたい教えはなかなかしみ込まない。『摩擦熱で煙が出る速さ』のような視線の低い具体的な面白いことほどノートに書くのだ。こういう具体的なことを知っていると、今後何か考えるにも話すにも役立つ。具体的な知識を欠いた抽象頭では発想が出てこない。」

Ⅱ

助詞「の」について学習させる。

「恩師の話」は多義的(ambiguous)であった。「恩師についての話」か「恩師の話した(恩師による)話」か。

問題5　「ふぐの料理」と「おばあさんの料理」とで、「の」の意味を考えよ。

「ふぐの料理」とは、「ふぐを材料に使った料理」のことである。ふぐは料理され食べられるのである。ふぐが料理人として働くわけではない。これに対し、「おばあさんの料理」とは「おばあさんが作った料理」である。台所に行って料理を作った人がおばあさんである。

しかし、「かちかち山」では、悪い狸によって、親切なおばあさんは汁にされてしまう。おじいさんはだまされて、それを食べさせられる。「うまく〳〵と老女を騙して縄を解かせ、相手を殺して変装して、うその狸汁を調理して食わせたのみか、東京などの話し方では、帰りがけに冷酷なる棄てぜりふをして行くのである。」（柳田國男『昔話と文学』創元文庫、一九五一年、一一四ページ。現代表記に改めて引用した。）実に悪い狸である。しゃくにさわり、血が騒ぐ。

とにかく「ふぐの料理」と同じ「の」が「おばあさん」についても成り立つ場合が有る。具体例は「それが出てくる文脈・状況」（二九ページ）と合わせて考えられねばならない。

「かちかち山」という具体的な例の知識の蓄積があるからこそ、このような発想が可能になるのである。

問題6　児玉善仁・別府昭郎・川島啓二編『大学の指導法』。この書名の多義性（ambiguity）を論ぜよ。

「○○の指導法」という型で、○○の部分に「大学」以外の語を代入するのである。

「言語障害児の指導法」……つまり、そのような児童をいかに指導するかという方法である。自然でわかりやすい文言である。

右の文言を当てはめれば、当然、「大学の指導法」とは、「大学をいかに指導するか」である。「法人化」によって大学の大骨を抜き自治の精神を失わせることに成功した。その大学をさらに今後いかに指導してやるかという自民党か文部科学省の内部文書の題であろう。

> **問題7**　では『大学の授業』という書名は、なぜこのような多義性無しですんでいるのか。『大学の授業』と『大学の指導法』とは、どう違うのか。

いろいろな答えが有り得る。私は、学生に次のような示唆を与える。

「未成年者が酒を飲んだ。このような場合、彼(彼女)に対する高校の処分は重い。しかし、大学の処分は無いと言ってもいい状態である。」

この文章は、一応明確である。多義的ではない。「高校の処分」「大学の処分」の意味は明確である。

しかし、それはこの文章全体の文脈の中に位置しているからにすぎない。「高校の処分」「大学の処分」という語句の解釈が安定しているのは、この文脈によってである。

もし、『大学の処分』というだけの書名の本が有ったら、私はどう解釈するか。

「法人化」で研究費さえ激減し、すっかり元気を失った大学が多い。いずれ処分しよう。廃校にするか民間に払い下げる「民活」にするか。こう考える自民党・文部科学省の内部文書だろう。要するに、大学を処分する話である。

『大学における学生の処分』ならいい。

なぜ『大学の授業』の方は、こういう解釈をされずにすむのか。読者諸賢にお考えいただきたい。

とにかく、助詞「の」は、かなり多義的である。警戒して使わないと危い。「の」を避けて書こうと努めた方がいい。「の」は意味が弱いのだから他の強い語句に置き換える方がいい。（右の例で「の」↓「における」と置き換えたように。）

弱い助詞「の」の下に、「指導（する）」「処分（する）」のような強い他動詞の語幹である名詞を附けるからいけないのだ。

問題8　では『大学の指導法』ではなく、どんな書名にすればいいのか。

編者・筆者の真意（頭の中）は、十分にはわからないのだから、気楽にいろいろ考えるようにと指示する。各自ノートに書かせる。

書名などというものは、短いにきまっている。だから、多くの学生に板書させ得る。

最小の修正は

『大学における指導法』だろう。

もっと考えたものに
『大学において〈指導〉とは何か』が有った。
どちらにしても、はるかに良くなった。

Ⅲ

漢字の連続（いわゆる「熟語」）と「の」の関係について教える。

> **問題9　横浜国立大学**という大学が有る。この校名六字は、どこで切れるのか。

いったん、なるべく短い単位で切らせる。つまり、「切目をなるべく多く」と指示する。
しかし、
横―浜―国―……ではない。意味のつながりが保たれている範囲で切るように指示する。
だから、
横―浜国―立大―学　でもない。
横浜　国立　大学　である。
「わからなければ、切目の箇所に**の**を入れなさい。」と言う。

当然

横浜の国立の大学　となる。

答えがこうなるということを全員に確認させた後に、問う。

「『の』が二つ有る。一つ削れるか。どちらを削るか。」

A. 横浜の国立大学

B. 横浜国立の大学

Bでいいという解釈が成り立つか。つまり、**横浜国立の大学**イコール

[**横浜**]　＋　[**国立の大学**]

という解釈が成り立つか。無理である。漢字が連続している時、その意味上の粘着力はひらがなより強い。**横浜**は**国立**を引きつけて離さない。**の**は弱いから、**国立**は**横浜**に引きつけられ、とられてしまうのである。

だから、**B**の意味は

[**横浜国立の**]　＋　[**大学**]　である。横浜国が立てた大学だということになる。

横浜は国として独立してはいない。だから、**B**は実態に反し、無理である。

約五十年前、「教育制度概論」を教えてくれた教授は「横浜」と言って一、二秒休み、その後「国立大学」を早口で一気に発声した。

これに対し、**横浜市立大学**には、右のような問題は無い。

横浜の市立の大学

横浜の市立大学

横浜市立の大学

いずれも成り立つ。

次の二項を確認してやる。

1．漢字の連続体には意味の切目が有る。言いかえれば、意味の単位が集まって、ある構造をなしている。

2．漢字の連続は意味上の粘着力が強い。ひらがなが入ると、その部分の粘着力は失われる。

問題10　高等教育研究開発推進センター……京都大学にあるセンターである。この名称はいくつかの意味の単位から成っている。これらの単位は、どのような構造をなしているのか。つまり、どこに切目があり、切目で区分された単位はどう連っているのか。

右の問題がわかりにくければ、次のように解答例を出しながら問いなおす。

このセンターは「高等教育を研究したり開発したり推進したりするセンター」である。

これを次のように図示しよう。

高等教育←{研究／開発／推進}センター

> これを含めて、この名称の構造は何種類考えられるか

学生は、これを含めて三種類までは容易に考えつく。

すなわち、あと二つは次のとおりである。

「高等教育の研究を開発したり推進したりするセンター」左のように図示できる。

高等教育研究←{開発／推進}センター

「高等教育の研究の開発を推進するセンター」

高等教育研究開発←推進センター

私は言う。「この他にあと三種類有る。」

しかし、学生には考えつくのが難しい。漢字が連っている箇所は念を入れて区切るように指示する。区切れば気がつく。

「高等教育」ではなく、単に「教育」なのである。

京都大学のような誇り高い大学は、そのセンターに自ら「高等」を冠するのだ。つまり高等なセンターなのである。もっと誇りが高くなると「超高等……センター」と称するだろう。千葉大学ごときは自らへりくだり、「低等……センター」と称する。

このように区切ると、すでに発見された三種と似たものが増える。つまり、「高等」を切り離した分だけ増える。

A　　B

高等 ＋ **教育研究開発推進センター** なのである。Bの部分は、すでに発見されたように三種の整理が出来る。

環境健康都市園芸フィールド科学教育研究センター

千葉大学に近年出来たセンターの名称である。

「何事だ！」と言いたいような名である。どこで区切るのかも不明である。いわんや区切られた単位が相互にどう連なるのかという構造もわからない。

いくつかの部局が教員を出して共同で作ったセンターなのだが、縄張り争いが目に見えるような名称である。OBとして情ない。恥かしい。（私が「停年退官」した後に出来たセンターなので、私は責任の感じようもない。）

何しろcenterとは「中心」のことなのだから、センターとは堅固なまとまりの構造が有るはずのものである。ところが、この名称には構造が無い。ばらばらである。だから、覚えられない。（ある学部長もこの名称がそらでは言えなかった。学長も言えないのではなかろうか。）

私は千葉大学の現役の教員に「『寿限無センター』とでも呼んだらいい。」と冗談を言った。

しかし、これは適切ではない。確かに落語の「寿限無」で我が子につけた名前は長い。「寿限無、寿限無、五劫のすり切れ、海砂利水魚の水行末、雲行末、風来末、食う寝る所に住む所、……(中略)……長久命の長助」という長い名である。しかし、(私でも)覚えられる。長寿を願うというすじが有るからである。このセンター名にはすじが無い。「寿限無、……」の方がはるかにいい。

Ⅳ

問題11　説明文教材の授業改革論　この書名の区切り方を検討せよ。

内容はりっぱな本である。著者はこの分野で一流の定評ある研究者である。しかし、この書名は、感心しない。一九八六年当時、私は著者に直接口頭でそう申し上げた。この書名はいわゆる「若書き」であろう。

横浜国立大学　に対してしたように、「の」を入れて区切る。

説明文¹—の教材²—の授業³—の改革⁴—の論⁵

問題12　区切って得られた1―6の分節で、意味が重いもの、軽いものを区別せよ。意味が軽いものは削除せよ。

この問題が何を要求しているかわからない者がいたら、全員にヒントを与える。**の本**をつけ加えよう。次のようになる。

1 説明文―2 の教材―3 の授業―4 の改革―5 の論―6 の本

こういう書名が有るとしたら、どこを削るか。

確かにこれが本であるというのは事実である。虚偽ではない。しかし、事実であるからといって気楽に書きこんでいたら、きりがない。「ハードカバーの」とか「三百ページの」も書名に書きこむことになる。書名は（いや、いかなる文章でも）破産する。読者は書名のどの部分を気にかけ重視したらいいかわからず、目がくらむ思いである。「事実でありさえすればいい。」というわけではないのである。

これが本であることは見ればわかるのだから、そう書いてもありがたみが無い。「の本」は削ろう。（書店に並んでいる本の全部がその表紙・背に「……の本」と書いてあったら、……壮観である。）

このヒントによって思考が刺激される。

の論も削りたくなる。この本が論であるのは当然だ。書名の残りの部分を見ればわかる。だれも小説集、詩集だろうとは思わない。

いや、論がついているとかえって誤解されるおそれが有る。『……授業改革論』という名の本は、それ自体が自分の授業改革を提案するのではなく、諸々の授業改革論について比較・検討している本なのだと解釈される可能性が有る。つまり、他者の授業改革論について論じているメタ授業改革論だと解釈されるのである。

これと同質的な例で言えば、『文芸批評』という書名である。この本は、自らいくつかの文学作品の批評をしている本なのか、それとも例えば「文芸批評」というものが成り立つか否かを論じている本なのか。つまり、文芸批評についての本（メタ文芸批評の本）なのか。多義的である。

の教材も冗漫であり、意味が軽い。削りたい。授業は教材無しには成り立たない。だから、説明文の授業とは、当然、説明文の教材の授業である。

こうして意味が軽い部分を削った後に残るのは

説明文の授業の改革　である。

のが二つ有る。**の**が削れるか。

A　**説明文の授業改革**

B　**説明文授業の改革**

A・**B**のどちらが適切か。**B**である。これでようやく見られるレベルの題になった。

しかし、**B**を採用したとしても、まだ意味の軽さが気になる。あえて欲を出して言うのだが、説明文授業について本を書こうという時、著者は授業が現状のままでいいとは思っていないだろう。現状に対し批判的であり黙っていられない志が有るから本を書くのだろう。（現状のままでいいのなら、なぜ本を書くのか。）

それなら**の改革**は当り前すぎて意味が軽い。もっと突っこんで具体的にどこを何ゆえ改革するべきなのかを書名に表した方がいい。（しかし、著者の志の代弁をするわけにはいかないから、書名の代案も出せない。ここまででやめておく。）

右に書いた「意味が重い」「意味が軽い」とは何か。

既有の情報が構造をなして蓄積されている。そこへ新しい情報が来る。この情報が既有の情報と作用しあって、情報構造（「認知環境」「文脈」「context」と称せられるものも同じ趣旨の語である。）を変える。この変える性質が強い情報ほど、relevance（関連性、有意味性、有意義性）が大である。

本の書名に「の本」とつけても、その部分は当り前すぎて、その情報の受け手（読者）は、何ら新しいことを知り得ない。既有の情報構造は変わらない。「の論」や「の教材」も、もう読者の情報構造の中には入っている。「の本」「の論」「の教材」は、関連性（relevance）が乏しい。

このような relevance が乏しい（関連性が乏しい）情報は先に「意味が軽い」と呼んだものである。新しいことをろくに知り得ない情報である。受け手は、なめてかかり、退屈する。

〈関連性（有意味性）〉は、その情報が事実を示していて正しいかどうかとは別の問題である。例えば、「明日も空気は有るでしょう。」とか「明日は晴れまたは曇りまたは雨。（槍は降らないでしょう。）」などという天気予報である。事実であり、正しい。必ず当たる。しかし、それを聞く者は、何も新たなことは知り得ない。関連性（有意味性）が無い。当たりはずれが有るくらいの予報でなければ（必ず当たるような内容の予報では）聞く気がしない。

問題13　『現代大学教育論』という書名を検討せよ。

V

「カテゴリーまちがい」(category-mistake) について教える。

問題14　増淵恒吉編『国語教育の課題と創造』（有精堂、一九八四年）という本がある。
右の書名を検討しなさい。

この書名にはある種のねじれあるいは不整合が有るというヒントを与える。しかし、学生は発見できない。（当時、私が指摘した後でも、多くの国語教育学者にはピンと来ず、理解できなかったようだ。それがわが国の国語教育学界の実態なのだから、学生にわからないのも不思議ではない。）

そこで、英国の哲学者ライル（Gilbert Ryle）の著書 THE CONCEPT OF MIND（1949）の中の一文を読ませる。

「'She came home in a flood of tears and a sedan-chair' は、複数の異なるタイプの語を組み合わせる愚行(absurdity) に基づく有名なジョークである。」PEREGRINE BOOKS (1963) p.23

英文の部分を訳してしまっては、なぜこれがジョークなのか不明になってしまう。

それでも一応訳すと「彼女は大泣きに泣きながら、輿《こし》に乗って帰宅した。」である。

「本当は別の論理的タイプあるいはカテゴリーに属するのに、ある同一のタイプあるいはカテゴリーに属するようにとらえる」誤認（誤解）が有り、このような誤認（誤解）をライルは「カテゴリーまちがい」と呼んだ。

in a flood of tears という表現は正しい。また、in a sedan-chair という表現も正しい。そして、ともに in……という型である。だからといって、この二つが同じカテゴリーであると見なす形で、合わせて一文にするのは不自然であり、意味の整合性は欠如する。

問題15　日本語でのカテゴリーまちがいの例を作れ。

同じ型の語句を複数例作り、それらを合わせて一文にするのである。

例えば、次のようにである。

(1)　ボールペンで作文を書いた。

(2)　日本語で作文を書いた。
(3)　ねじりはち巻きで作文を書いた。

この三文は、いずれも自然な文であり、誤りや不適切は無い。

この三つを合わせて一文にする。


私はボールペンと日本語とねじりはち巻きとで作文を書いた。


もう一例。

私は運動靴と全力とで走った。


奇妙な文である。

先の国語教育学者たちも、例えば『国語教育の教員確保と創造』『国語教育の雑誌と創造』などという題ならば、違うカテゴリーの語句が併存している奇妙さに気づくであろう。だから、違うカテゴリーの語句を同じ形式で一文の中に並べてはいけないという意識は有るのだろう。しかし、「課題」「創造」という語の意味の意識が不明確なのだろう。

私は、かつて次のように書いた。（宇佐美寛『国語科授業批判』明治図書、一九八六年、一八一－一八三ページ）

「天地(の)創造」とは、神が天地を創り出したことである。つまり創造する前は、何も無いゼロの状態であったわけである。

「国語教育の創造」も国語教育なるものを創り出すことをいう。創造以前は何も存在しないはずである。何も無いゼロのものに対して、どうして課題を課し得るのか。

「○○の創造」とは「○○を創造すること」である。英語でいえば、"creation of ～" あるいは "creating of ～" である。つまり、～は他動詞 "create" の目的語である。

「課題」については、この関係は成り立たない。「○○の課題」とは「○○を課題すること」ではない。むしろ「○○に対する課題」(あるいは「○○への課題」)なのである。

だから、「国語教育の課題」と「国語教育の創造」とにおける二つの「の」は、外形は同じであっても別のカテゴリー(意味次元)に属する異なる二つの「の」なのである。この二つを結びつけて書名のように「国語教育の課題と創造」と言うわけにはいかないのである。英訳してみると、このことは明瞭になる。"Task and Creation of Japanese Instruction" というのは英語になっていない。

一般的に言えば、「ＡのＢ1とＢ2」という形式でないと、二者を並立させた題名は成り立たないのである。つまり、Ｂ1とＢ2とは、ともに同じＢ類に入っていなければならない。つまり、Ａ—Ｂ1の関係とＡ—Ｂ2の関係とは、同じ型でなければならない。例えばＢ1もＢ2もある行為(「創造する」・「根絶する」という行為)であって、Ａはその対象であるという型である。これならば「ＡのＢ1とＢ2」は成り立つ。「Ａの創造と根絶」という表現は成り立つ。

……〔略〕……

次に心理的に説明する。『国語教育の課題と創造』、この表現をじっくり、イメージを作りながら考えてもらいたい。まず『国語教育の課題……』、「国語教育」氏が何か荷物を課せられ荷なっているイメージである。次にそれに続いて突然、「と創造」と聞かされたら、このイメージはどうなるのか。課題を創造するのか国語教育を創造するのか。しかし、すでに荷物とその荷ない手とはともに出来上がってしまっているのである。イメージは混乱し消えてしまう。

VI

先に、関連性・有意味性（relevance）の乏しい部分を削る必要を述べた。（四一―四二ページ）

それだけではなく、関連性の強いところを、もっと強調し、きわだたせることを学ばせたい。いわゆるめりはりをつけさせるのである。強調（emphasis）の仕方を教えるのである。

それでコミュニケーションの目的が明確になる。

私が講師として通っている大学のことである。建物の中は全て禁煙である。喫煙者がたばこを吸えるのは、校舎の外の喫煙所である。つまり屋外であり屋根も無い所である。

校舎内のあちこちにポスターが貼ってある。

「構内禁煙」という大きい字のわきに次のように書かれている。

指定された場所で吸いましょう

これでは弱すぎる。いや、むしろ、これでは喫煙の手引をしているようだ。喫煙できる場所の案内をしているようだ。

問題16　もっと強いもの（喫煙に対してもっと厳しいもの）に書き直せ。

ただし、ポスターなのだから、あまり長い文案は不適当である。長さは原文くらいでいい。各自ノートに書くように指示し、その後六人を指名し黒板に書かせる。

私も知恵を貸す。

吸うならば

「この後につづける言葉を考えなさい。」と指示する。「す・う・な・ら・ば」と、音は五つである。だから、この後は七・五になると面白いかもしれない。結局、次のようになった。

吸うならば許された場所でひっそりと

問題17 この案を原文と比べよ。強くなった理由を指摘せよ

例えば、次のような点が指摘されるといい。

1. 「指定された」は弱すぎる。実際に社会で「指定」という語はどんな使い方をされているか、例を思い出させる。「劇場の指定席」「特急列車の座席指定券」……優遇である。これに対し、「許された」は、一方的な権力関係である。（金を払えば「指定」を得る権利が有るのとは、わけが違う。）また、「許す」は、もともと望ましくはない事態を何らかの理由・条件が有るがゆえに認めてやるのである。喫煙が望ましくないという評価が「許された」という語には含まれて（implyされて）いる。

2. 「吸うならば」と、「吸う」を仮定条件の節に追いやって軽くしたのがいい。「吸うのは望ましくない。しかし、百歩をゆずって、もしおまえが吸うとしても」という感じである。案文を「吸うならば」ではなく、「吸うとしても」にした方がいいかもしれない。「吸うとしても許された場所でひっそりと」である。少し語呂は悪くなる。

原文のように「……吸いましょう。」と主節に「吸う」が有るのでは（しかも「ましょう。」と肯定的に勧誘している形式

では）、やはり喫煙の手引のようである。

3. 喫煙者は肩身が狭い日陰者である。そう意識させ更生させるべきである。だから、「ひっそりと」がいい。学生から「つつましく」「うじうじと」という案も出た。

先年、中国地方で長距離バスに乗った。車内に面白い（奇妙な）注意書が貼ってあった。

> **問題18　必ず停車後席をお立ちください**
> この注意書を直しなさい。

この原文のままだと、全乗客は落ち着いて座っていられない。バスが停車するたびに、全員、席を立たねばならない。忙しいバスである。

VII

以上、**問題1―18**で、学生は概念分析に関わる（また概念分析で得られる）様ざまな思考原理を学ぶ。〈比較〉〈分類〉〈区切り（分節）〉〈構造〉〈有意味性（関連性）〉〈カテゴリーまちがい〉〈強調（めりはり）〉である。

以上に示したように、これらの原理は、具体例を十分に使って検討される。具体例は、教師ではなく、学生自らが探し、思いつき、発明するのである。例を使えないのでは、わかったことにはならない。

問題1—18を授業で解かせたり、宿題に出したりすると、おおいに時間がかかる。〈講義〉で教師の方から話して聞かせれば、はるかに短時間である。問題を解かせるのではなく、結論を聞かせるのだから、はるかに短時間である。なぜその結論になるのかを説明してやるのだろうが、それも教師の頭の中に既に有る説明なのだから、はるかに短時間である。

この「はるかに短時間」であるのが悪いのである。本来、はるかに多くの時間をかけるべきなのである。私が**問題1—18**で示したように、私の授業は〈講義〉よりもはるかに複雑な過程である。問題を課する。様子を見てヒントを与える。答えをノートに書かせる。例（例文）をノートに書かせる。ノートを読み上げさせる。ノートを板書させる。学生から出た答えを比較させ評価させる。代案を出させる。……

この過程の中で、返事、挙手、発言についての指導もする。このような行動様式の規律は、思考の内容と密接に関連している。特に『大学授業の病理』（東信堂、二〇〇四年）第三章「授業設計の原理」をお読みいただきたい。その章の初めの部分に私は次のように書いていた（同書、一六ページ）。

> 言うまでもなく、体と心とはあい関わっている。大方の〈講義〉という旧い方法では、この原理が全く忘れられている。

そして、それに続けて、いかに「あい関わっている」のかを書いた。

このような授業過程が一区切りしたところで、私は「ここまでに知ったことを規準にしてめいめいの作文を自分で批正しなさい。」と言う。一たん提出ずみの作文を各人に返却し、直させるのである。このように、学んだことは、それを適用し効用を実感すべきである。

概念には、他の概念との関連が有る。他の概念と共通の部分が有り、異なる部分が有る。

また、概念の内容を示し得るような具体例が有る。

だから、ある概念を学ばせる授業では、近似の概念、関連ある概念、反対の概念を同時に学ばせ、それらに対応する具体例をも学ばせる。概念を、このようにいろいろに動かし働かせるのである。

〈講義〉による授業の内容・方法は普通次のようなものである。

例えば、教育学で〈インドクトリネーション〉(indoctrination)という概念について教えている。「インドクトリネーション」とは、「教えこみ」「教化」であって、理由・根拠を疑わせず一方的に教えこみ、信じさせることだという趣旨を教えている。そして例えば、『尋常小学修身書巻五』で次のように教えるのもインドクトリネーションの一例だと講義する。(漢字は、今日の「常用漢字」に改めた。)

神武天皇の御即位の年から今日まで二千五百八十余年になります。此の間、我が国は皇室を中心として、全国が一つの大きな家族のやうになつて栄えて来ました。御代々の天皇は我等臣民を子のやうにおいつくしみになり、我等臣民は祖先以来、天皇を親のやうにしたひ奉つて、忠君愛国の道に尽しました。世界に国は多うございますが、我が大日本帝国のやうに、万世一系の天皇をいたゞき、皇室と国民が一体になつてゐる国は外にはございません。

このような教えは、当時の小学校で、一方的に、疑わせず、検討させずに教えこむしかなかっただろう。だから、右は「インドクトリネーション」についての講義として間違ってはいない。しかし、平板である。こんな内容の講義では、すぐ終ってしまう。時間が余って困るだろう。

教師自身が、自分が教えようとしている「インドクトリネーション」という概念を吟味せねばならない。「いったい、全ての事柄の理由・根拠を子どもに疑わせて、教育は成り立つのだろうか。どんなに良い教育であっても、とにかく信じこませている事柄も有るのではないか。」と考えねばならない。

学生から、疑わず検討せずに信じこむように一方的に教えられた事例を出させる。いつものように、まずノートに書かせるのである。それを口頭で言わせるといろいろ出てくる。

あ という字がなぜ「ア」と発音する字なのかは教わらなかった。

また、地理・歴史のような直接見ることが出来ない事柄は、教えられたことをそうだと思いこむしかない。私もこの種の事例を足してやる。「富士山は三七七六メートルである。」私は自分で測ったのではない。本に書いてあるから、そう信じただけである。「信じる」と「知る」の区別は簡単ではない。検討した上で納得して知るのを全ての事柄について行うのは不可能である。

この「信じる」・「知る」問題については、拙著『国語教育は言語技術教育である(宇佐美寛・問題意識集2)』明治図書、二〇〇一年、「第8章『事実と意見の区別』は迷信である」をお読みいただきたい。

他にもいろいろ有る。生活全体を律する生き方の原理の多くは「そう信じている」のであり、検討・吟味の上で知ったのではない。例えば、次のような原理である。

「いのちは大事だ。」

「どんな状態でも生きている方が死ぬよりいい。」

「体(性)を金で売ってはいけない。」

このように、「そう信じさせられる」経験の例がいろいろ出てくる。

このように複数の事例が並んだ時は、比較・分類をさせる。それによって、様ざまな発想が出てくる。

あ　というひらがなの発音を信じこむのと、オウム真理教の教祖の神聖性を信じこむのとは、類を異にするのだと思える。……では、どう違うのか。

か。

「君が代」を誠をもって心から歌うのと、富士山の高さが三七七六メートルだと信じているのとは、どう違うのか。

こういう比較・分類の思考によって、単に「インドクトリネーション」のみではなく、教育の本質に関わる重要な諸概念を問題にせざるを得なくなる。教育学概論に出てくるような概念である。例えば、「教育」「教化」「宣伝」「煽動」「強制」「自発」等々の概念の関連が問題になる。

思考の過程において、概念は、単独であるのではなく、様ざまな概念と連なっている。同類・近似の概念も有るし、反対の概念、異なり方の大きい概念も有る。ある概念の内容を知るとは、実は、このような概念の群との関係を知ることである。前記のように(二八ページ)概念システムを知ることである。

実際の概念システムは、すき間だらけである。どんな他の概念がどう関係しているのかがわからない。したがって、その概念が現実にどんな事実と対応しているのかがわからない。どんな事実がその概念の内容を示す例になるのかがわからない。つまり、人間は全てを知り、見通し切っているわけではないのである。

このような「すき間だらけ」の状態は、右の「インドクトリネーション(教化)」概念においても、明らかである。どの範囲までの教育内容・教育方法を「インドクトリネーション」と呼ぶべきかは、議論すべき問題であり、答えは自明ではない。

このような「すき間だらけ」の状態を哲学者ヴァイスマン(Friedrich Waismann)は、「概念の開かれた網目(open texture of a concept)」と呼んだ。（「概念のすき間だらけの構造」と訳してもいい。）

私は、彼のこの考えを次のように紹介していた。（宇佐美寛『教育において「思考」とは何か——思考指導の哲学的分析——』明治図書、一九八七年、九〇ページ）

> 彼は言う。「われわれはある概念を導入し、それをある方向で限定する。われわれには、概念がまだ定義されていない他の方向が常に存在するという事実を見落す傾向がある。」〔F. Waismann: Verifiability, Antony Flew (ed) Logic and Language, 1st series, 1951, p.120.〕われわれは「ねこがあそこにいる。」という。しかし、このねこが突然大きくなったり、ねこらしくない行動をしたり、死んで生きかえったりしたら、われわれは、これを「ねこ」と言うべきかどうか迷うであろう。多くの概念は、このようにすき間だらけの網のようなものなのである。

このすき間だらけの構造を使って概念をころがし、いじめ、鍛えるべきである。すなわち、既に示したように、例えば次のような思考をするのである。他の概念との関係を考える。その概念の不整合性を批判する。その概念を複数の部分に分け、重要な部分を強調し、他の部分は軽く扱う。その概念に関わる具体例を挙げる。概念を具体例に適用して有効性を調べる。

こういう〈概念分析〉は、多くの分節・部分から成る思考実験である。

授業は、このような思考実験（概念分析）の過程である。そして、学生自身がこのような思考実験をするべきなのである。そのためには、教師は、授業の全過程を通じて、「今、学生は、どのような段階の思考をしているのか。

（つまり、今、学生の頭の中はどうなっているのか。」を意識すべきなのである。）

このような授業をするのには、〈講義〉という旧い方法はまったく不適当である。教師が話しつづけなので、個々の学生はどんな思考活動をしたらいいかが不明である。教師にとっても学生にとっても不明なのである。学生が思考すべき課題がどこにも無い。学生には、自分が考えるべき課題が有るのだという感じがしないのである。

右のように論ずる時、私の頭の中には米国の哲学者パース(Chales Sanders Peirce)の有名なプラグマティズム格言(**the pragmatism maxim**)が有る。

私はかつて次のように論じていた。（初出は拙著『思考指導の論理』明治図書、一九七三年、四〇―四一ページであるが、ここでは拙著『大学の授業』東信堂、一九九九年、一二六―一二七ページからの引用である。）

> このように述べるとき、パースの有名なプラグマティズム格言が、私の頭にあるのである。パースはいう。「われわれの観念の対象が、実際的な影響(**practical bearings**)を持つであろうようなどんな効果(**effects**)を持つとわれわれが考え(**conceive**)ているのかを考えよ。そうすれば、これらの効果についてのわれわれの観念が、その対象についてのわれわれの観念のすべてなのである。」(1)われわれが、「この石は固い。」という観念を持っているとは、どのようなことであろうか。（観念が、個々の状況を越えて、複数箇の事物・事態に対応しているという性質が「概念」なのである。その意味では、すべての観念は概念である。「この石は固い。」というような「この石」という一つの個物のみについての観念であっても、その時々の無数の条件を通じてこの石の状態に対応して「固い」といっているのであり、

その意味でこの観念は一般的であり、したがって概念なのである。だからパースが観念(conception)について述べている引用文のような主張を、ここでの私の論述に借りて使っても支障はないのである。)いいかえれば、「この石は固い」ということを知っているとは、何を知っていることなのだろうか。「もし、この石をガラスにぶつければ、ガラスは割れるだろう。」「もし、木片とこの石とをこすりあわせれば、木片にきずがつくだろう。」「もし、この石で頭をなぐれば、痛く感じ、こぶができるだろう。」……等々を知っているということにほかならないのである。もし、このような「もし……したらば……だろう。」を何一つ知らないのだとしたら、「この石は固い。」ということを知っているとは、いったい何ごとであろうか。「もし……したならば、……だろう。」("If ……, then ……")を知っている程度がまったくゼロであって、しかもなお、「この石は固い。」ということを知っている状態というのを、われわれは想像することすらできないのである。

「もし……したならば……だろう。」というのは、(1)ある具体的な条件下での、(2)ある行動が、(3)ある結果をもたらすことが予測されるということである。このような予測をすることができるに応じて、概念は、経験と結びついており、「概念的」ではないのである。このような形での具体的な経験との対応を欠いた概念を使ってでは、思考を発展させることは不可能である。いや、そのような概念はそもそも、「使う」ことができないのである。そして、「使い得ない概念」とは、それ自体矛盾である。つまり、それは「丸い四角」のようなものであり、あり得ないものなのである。

概念を持つとは、「もし……したならば、……だろう。」を知っていることである。概念に対応する具体例を知っていることである。言いかえれば、「概念くだき」を伴うべきである。つまり、概念が様ざまな経験を示している例を挙げるのである。

学生に具体例を十分に詳しく知らしめる必要が有る。それをしないで(つまり思考の素材を与えないで)、学生にどう思考させることが出来るのか。あるいは、教師自身が具体例まで目の届いた頭にはなっていないのだろうか。つまり、具体的には知らないのだろうか。概念くだきが出来ていないのだろうか。不勉強である。怠惰である。

ときどき放送大学のラジオ授業を聴く。〈教育〉の領域とそれに近い関連した領域の科目である。(読者も聴いてみて、私が以下に書くことが正しいかどうか吟味していただきたい。)

とにかく話し方が速すぎる。とにかく抽象的である。

抽象的であることと速すぎることは一体である。

自分が既に知っていることを、まだ知っていない未熟な相手に知らしめるための話し方が、あの速さでいいと思っているのだろうか。学者の独善とでも評すべきか。

間《ま》をおいて、ゆっくり話すべきなのである。「つまり、」「言いかえれば、」などと言ってくり返し話す冗長度が必要である。大体同じ内容を少しずつ変えてずらしながら話すのである。つまり、内容の要点を少なくして、時間をたっぷりかけて、ゆっくり、くり返しながら話すのである。

右のことは、ラジオではない、日常生活の中の語りを思い出せばわかるだろう。一字一句の無駄も無い(法律の条文のような)緊密な内容を、しかもすらすら、よどみなく読み上げているような速度で語る。……聞く者の身になってもらいたい。少し気をゆるめてぼんやり聴くと、とたんにわからなくなるような話し方では、疲れて困る。「あー」「えーと」「そこでだ」「おれが思うには」「そうだ」「わかったかな」などと、本すじとは無関係に見える語句が要所に入っているからこそ、考えながら聴けるのである。ところが放送大学のラジオ授業は、これとは大分違う。

考えさせる具体例が有り、その例を受講者に考えさせるのに、十分に時間をとるべきである。具体例が乏しいことと、冗長度が乏しいことは表裏一体なのである。

「この授業の話し方でわかるような頭の持ち主なら、この授業を聴かなくてもわかる。」そう言いたくなる。〈講義〉という因習の悪さがよく表れている。

ラジオでの話は抽象的であり、印刷教材（テキスト）も抽象的である。印刷教材に書かれている抽象論を重複して口頭で話すのも無駄である。

教師には、次の二点の自覚が無いらしい。一、何を書いておいて、あらかじめ読ませるか。二、何を話すか。読ませた内容とどう関わらせるか。（聴かせることと読ませることとの間の相互作用をどう設計するか）。

私もかつて放送大学の客員教授であり、「道徳教育」のラジオ放送を担当した。

私の印刷教材『道徳教育』（一九八七年）は、全部そのまま左の拙著に収めたので、お読みいただきたい。

『「道徳」授業をどう変えるか（宇佐美寛・問題意識13）』明治図書、二〇〇五年（一一一―一二五ページ）

ここでは右の印刷教材『道徳教育』の「まえがき」（『道徳教育』三―四ページ）の部分のみを引用する。ラジオ授業に対する私の基本的構想がわかるだろう。

まえがき

●この本のねらいを述べる。

放送で私が話すこととの重複は避けたい。話せばわかることをここに書くのは無駄である。また、話すことの中身をそのままここに書いたのでは、話を聞く学生はどうしてもたるみやすくなる。たるんで聞いていても、本に書いてあるから後で読めばいいという気になるからである。これはいけない。たるんでいては、勉強にならない。(「勉」・「強」という字を見よ。)重複は避けなければならない。

では、この本は何をねらえばいいのか。ラジオ放送を補うべきである。助けるべきである。

放送では伝わりにくいことを書くことにする。

例えば、実際の道徳教育の様子を細かく具体的に伝えることは、放送では、しにくい。書物の形の方がいい。

理論を説くことは、放送でも出来る。しかし、理論が作られるもとである現実は、理論よりも、はるかに複雑である。多面的である。きれいに整理して語ることが出来ない。

現実こそ、この本に書かれるべきである。道徳の現実、道徳教育の現実である。

現実をよく調べ、現実を整理し、現実に対処し、現実を変えようとするからこそ、理論を創ることが出来るのである。

現実を扱うための理論を創ること、それこそが学問である。受講生諸君は、このような学問をするのである。

私がこの本で示すのは、理論のもとになるような現実である。その現実を整理し説明しようとするからこそ理論が出来るのである。このような意味で理論のもととなる現実、しかも、この本のように、言葉で示された現実である。このような現実は、「素材」と呼んでもいい。

私は、この本で、ラジオ放送での理論のための素材を提供するのである。

だから、私は、この本では、あまり理論を書かない。

私が書きたいのは、素材と、それについての問題である。

問題に答えようとするから、理論が出来るのである。そして、問題に答えるのは、私ではなく、受講生諸君である。

これ以上前おきを書くのは、無意味である。なぜか。まず、それを「問題」として考えてもらいたい。

以下、特に考えてもらいたい問題は、右のようにゴチック体の字で示すことにする。

一九八六年五月三日

宇佐美　寛

要するに、この印刷教材（テキスト）の内容は、実質的に資料集・問題集になった。それでいい。基本的に、教科書は資料と問題の組織体であるべきだ。授業を受けることによって学生は問題を解決しようとする。問題の性質を具体的に知るためには資料が要る。

問題を解決して得られる結論が理論である。その理論を先まわりして教科書に書いておいてはいけない。学生が苦労して考え、自力で見出すべきものである。

ラジオでの話っぷりは、活字には出来ない。とにかく、前記の私の主張のように、ゆっくり、間をおいて、冗長度を保って話した。（放送大学に有るであろう録音テープのダビングが出来るかどうか。関心のある読者は、同大学に問い合わせていただきたい。）

問題を考えさせる時は、「……でしょうか。考えてください。」という類いの言葉を言った後、しばらく黙っていた。

当り前である。考えることを要求したのだから、静かに考えるという条件を保障すべきである。「考えなさい（考えてください。）」と言った後も何か話しつづけている教師がよくいる。「一時に一事を」である。一度に二つのことを要求してはならない。教師の言葉を聴いて理解しようと努めたら、同時に他のことを考えるのは不可能なはずである。

ところが、ディレクターは苦情を言う。ラジオで二〇秒も黙っていて音がしないと、聴いている人は何かの故障だと思うとのことだった。

そこで、私はなるべく無意味・無内容な音声を出すことにした。「うーん」と唸ったり、「そうですなー」などと言ったりした。

第3章　拙著『大学の授業』の書評に対する代案

『ＩＤＥ（現代の高等教育）』誌二〇〇〇年六月号のBook Reviewのページに拙著『大学の授業』についての書評が有る。評者は田中毎実氏（京都大学高等教育教授システム開発センター教授……なおこのセンター名は氏の書評執筆当時のものである。）である。以下に引用する。私の考えを書きたくなったら、すぐにその箇所に〔　〕を用いて書き込むことにする。（原文は横書である。）

宇佐美　寛著『大学の授業』

田中毎実

1

あちこちに「引用なきところに印象はびこる」などという言葉がちりばめられており、正確な理解を放棄した印象批評の類が一刀両断裁断されている。〔宇佐美は「引用なきところに印象はびこる」などという間の抜けた言葉は書いていない。私が書いたのは「引用無きところ印象はびこる」である。田中氏はこんな短い句を正確に引用することも出来ないのか。この「……ところ」は、例えば「向うところ敵無し」の「……ところ」である。「に」を入れては、だいなしである。また、私は漢字の表意性を尊重して「無き」と書いたのである。否定の意を表わすのに「なき」では弱すぎる。「あちこちに……ちりばめられており、」……私は「ちりばめ」たりはしなかった。「あちこち」ではなく三箇所に書いたのである。なぜ、氏はこのような色づけ(slanting)の語句を使って読者を誘導するのか。「ちりばめられて」とは、まるで単なる飾りの扱いである。どうせ色づけるなら、「『……』という言葉が三箇所で威光を放ち、」とでも書いてもらいたい。それなら、「一刀両断」と連続する厳しさになる。「一刀両断裁断」……「両断」は二つに切り離すことだから、「裁断」は無駄な重複である。」安易に書評など引き受けた馬鹿さ加減がまことに惨めだが、やむをえない。あえて虎の尾を踏むことにしよう。〔愚痴めいた一人ごとである。こんな元気の無い弱音を読まされる読者は迷惑する。引き受けた以上、読者には無関係な言い訳や愚痴を書いてはいけない。公私混同である。評者は書評という所産だけで読者に自分の思考を知らせるという公の責任を果すべきなのである。書評を引き受けた心理的経過など書くべきものではない。〕

　まわりの意外な人たちがこの本の熱心な読者で、その広がりにいささか驚いている。たしかに、読みやすく、歯切れ良く、スリリングで、有意義な本である。だが、何を面白く有意義と感じるかは、読む人の立場によって異なるだろう。たとえば大学の教師を取り上げてみても、自分の授業へ適用できそうなテクニックを読む人から、自分の「たるんだ」授業を反省して心構えの改心に至る人までを、想定することができる。〔「読みやすく、歯切れ良く、スリリング」……なぜ、そうなのか。宇佐美の文章のどんな特性が読みやすさ、歯切れよさ、スリルを保障しているのか。突っこんでそれを書かねば書評としては、大減点されるべきである。例えば、宇佐美の文体は、色づけ(slanting)を避けているのである。引用、事実の報告を多くし、色づけは避けているのである。また、一文一義の単文・短文を積み重ね、しつこく書く文体である。――このような文体論まで行かないで、右のような無内容なレッテルでほめても、むなしい。〕

各章の表題を挙げれば、「大学生の言語能力」、「学生は読んでいない」、定刻と遅刻、おじぎ・着席・受講票、講義をやめよう、リポートを課す、リポートの評価と指導、「課題図書」、試験、学生の感想などである。いたる所に実用的提言があり、自分の授業運営と比較すれば有用性は高い。しかし、どんな提言もすべて、著者に一貫する「授業思想」（一六四頁）の一部である。したがって、実用的関心による読書も、いずれ、自分の授業思想と著者のそれとの対質という色彩を帯びざるをえない。広い読者層に深いレベルの自問を強いる力をもった本である。

〔「実用的関心による読書も、」……この箇所に「読書」という語を使うのは適切か。「実用的関心でこの本を読んだとしても、」と書くべきところだろう。「読書イコール本を読むこと」ではないのである。目的が決まっていて、その目的のために特定の本を決めて読むのは「読書」ではない。「明日までにこの本を読書しておきなさい。」とは言わない。『新明解国語辞典（第五版）』は「読書」の説明を次のように書いている。

「（研究調査や受験勉強の時などと違って）一時（イットキ）現実の世界を離れ、精神を未知の世界に遊ばせたり、人生観を確固不動のものたらしめたりするために、（時間の束縛を受けること無く）本を読むこと。（寝ころがって漫画本を見たり、電車の中で週刊誌を読んだりすることは、勝義の読書には含まれない）」〕

〔前出の「テクニック」、この段落での「実用的」「有用性」と「授業思想」とを田中氏は、どんな基準で区別したのだろうか。どんな関係が有ると考えるのだろうか。私は、テクニックは思想の一部だと思い、思想とは実用的で有用なものだと思っている。例えば、授業における挙手のさせ方も、思想である。どんな挙手をするかは、授業集団の中で、また教師に対して、さらに自

東信堂愛読者カード

ご愛読ありがとうございます。本書のご感想や小社に関するご意見をお寄せください。今後の出版企画や読者の皆様との通信に役立たせますので、お名前、ご住所をご記入のうえ、ご返送ください。

ご購入図書名

■ご購入の動機

1. 店頭　　2. 新聞広告（
3. 雑誌広告（　　　）4. 学会誌広告（
5. ダイレクトメール　　6. 新刊チラシ
7. 人にすすめられて　　8. 書評（

■本書のご感想・小社へのご意見・ご希望をお知らせください。

■最近お読みになった本

■どんな分野の本に関心がありますか。

哲学　経済　歴史　政治　思想　社会学　法律　心理　芸術・美術　文化　文学
教育　労働　自然科学（　　　　　）　伝記　ルポ　日記

郵 便 は が き

料金受取人払

本郷局承認

3589

差出有効期間
平成19年 6月
14日まで

1 1 3 - 8 7 9 0

(受取人)

東京都文京区向丘1-20-6

株式会社 東信堂 読者カード係行

がな
前 (歳) 男・女

(〒) (TEL - -)
市 区
郡

所

業 1. 学生 (高 大 院) 2. 教員 (小 中 高 大)
社員 (現業 事務 管理職) 4. 公務員 (現業 事務 管理職)
体 (職員 役員) 6. 自由業 ( ) 7. 研究者 ( )
工・サービス業 (自営 従事) 9. 農・林・漁業 (自営 従事)
主 婦 11. 図書館 (小 中 高 大 公立大 私立)

め先
校名

上
名 市 郡 区 町 書店 生協

分自身に対して、ある意味を持つ表現行動である。この「意味」が思想である。」

2

　著者は、現在の学生を「サル」と規定し、「道徳教育」という専門科目で、読み書きの学習指導を通じて学生の思考を働かせようとしている。〔規定などしていない。「サル」にたとえる評価をしているのである。それも、そう評価して当然の状態の学生について、そう言っているのである。そういうコミュニケーションをとっているのである。〕全学生にレポートを書かせ、点検し、返却する。「二クラスもったときには、一週間に千枚読むこともある。二日は完全につぶれる。〈がんばれ、敵も苦しい！〉などと戦時中の標語をつぶやきながら読む。学生に努力させるための努力である。」（一〇三―一〇四頁）。〔「二クラスもった」とは書かれていない。「二クラス持った」である。また、「千枚」ではなく、「千枚前後」である。なぜ、正確に引用しないのか。〕この個人的感慨の吐露は、私には、以前の「出口論争」での著者の同じような感慨の吐露を思い起こさせるが、ともあれ、学生をサルと規定する著者の「儒教的」学生観・授業観（一七三頁）は、学生の分を苛烈に定めるのに対応して、教師自身の分をも苛烈に規定する。〔宇佐美本人は「感慨の吐露」などした覚えが無い。だから、「同じような」と書かれても、何のどこが「同じような」なのかわからない。〕

　たとえば、「妻が二人目を妊娠し、しばらくは研究的な活動はできそうもないです」という「ある大学の若い教師の投書」に対して、まず、「大学の教師が研究活動をするのは、その存在の本質である」と大上段に切り下ろし、最後には、「〈妻が二人目を妊娠し、〉というのは絶好の研究課題ではないか。実際はそうは思わないとしても、文字の上だけでも、かっこうよく、そう書いてほしかった。」という（五四―五六頁）。勧められているのは、「儒教的」でしかも強靭な「やせ我慢」である。

3

本書の論旨は、明晰で紛れようはない。著者の議論の仕方を十分承知している読者にとっても、衝撃力はさほど衰えない。巻末にある著作目録をみると、私がこれまで、著者の仕事のそんなに良い読者でなかったことはすぐにわかる。〔この直後の一文で「あえて個人的な感慨を記す」と言うくらいの率直さが有るのならば、ここも（　）の中でもいいから、明確に事実を書く方がいい。（著書三十六冊の中で〇冊しか読んでいない。）のように。その方が奥ゆかしいのである。〕しかし、あえて個人的な感慨を記すとすれば、私は、自分の人生の大きな節目ごとに著者の仕事と出会い、大きな解放の力を与えられてきた。このことを感謝の気持ちとともに、記さざるをえない。〔感謝されるのはうれしいが、『大学の授業』という本の書評者は全力を挙げて、つまり全紙幅を使ってその本の論評をすべきなのである。「個人的な感慨」など書いていると、かんじんの本についての論評は手うすになる。何しろ紙幅は限られているのである。悪い予感がする。〕

まだ駆け出しの研究者であったころ、『教育哲学研究』で偶然目にした著者の「教育哲学の言葉」に関する短い論考は、とても衝撃的であり、しかも強烈な解放力をもっていた。〔**偶然目にした**……田中氏は教育哲学会の会員だろう。『教育哲学研究』はその学会の機関誌である。そこに出ている論文を目にするのが「偶然」とは？　氏はそんなに不勉強なのか。あるいは、機関誌はただ配布されているだけで、ほとんど読まれていないのか。**「教育哲学の言葉」に関する短い論考**……正しくは**「教育哲学」のことば**という題の論文である。『教育哲学研究』第三二号（一九七五年一〇月）に載った。現在、拙著『論理的思考』（メヂカルフレンド社）に収めてあるので、お読みいただきたい。四百字原稿用紙で四十数枚である。これが「短い」論考なのか。……こうも不正確な「アバウト」ぶりでは、氏の文章の他の部分も疑い警戒して読みたくなるのが自然な人情である。〕以後、「出会い」とか「実存」とかの業界用語を無反省に用いることはできなくなったが、かわりに自分の議論を本当に自分のものとして取り戻すことができた。同じ衝撃と解放力は、いわゆる「出口論争」を追跡したときにも体験した。論争にすらなりえなかった消耗する論議だったが、少なくとも著者の議論は、理論が実践と（支配することも屈従することもなく）平明で常識的な距離を取るべきことを、身をもって示しているものとして読んだ。〔**論争にすらなりえなかった消耗する論議だった**……論争にすらなり得なかったのは、だれが悪かったのか。宇佐美も悪いのか。それを不明なままにしておいて、こんな傍観者的な冷たい言葉を宇佐美に対して発するのか。論争にすらなり得なかったのは、宇佐美と相手の吉田章宏氏の力の差が有りすぎた一方的な勝負だったからである。（現時点での大相撲春場所は、横綱の独走状態である。特に大関陣はだらしない。横綱が組んでも突き押しでも一方的に勝って、観客の興味が冷め、場所が盛り上らないのは、強い横綱が悪いのか。）また、吉田氏がその著しく低い読み書き能力にもかかわらず（あるいは、それゆえに）、はぐらかしや逃避という小手先の卑劣な策を弄したからである。吉田氏の「宇佐美寛さんにおたずねしたいこと」『現代教育科学』一九七九年四月号という文章は、苦しまぎれに、無関係の事柄を持ち出し、宇佐美の失策を誘おうとするたくらみである。英語でいう **red herring**（強烈なにおいで猟犬を見当違いの方向に迷わせる燻製ニシン）論法である。宇佐美がこれをどう論破したかは、次の拙著を見ていただきたい。『「出口」論争とは何か（宇佐美寛・問題意識集1）』明治図書、二〇〇一年。

しかし、「論争」と呼ぶのがはばかられるような、勝敗が一方的にあっさり決まったやりとりであっても、それが学問上、無意味、不毛だということにはならない。「出口」論争は、私自身、何度読み返しても、様ざまな問題を考えさせてくれる。あの論争を「不毛」だと言う論者の頭が不毛なのである。右の本の第一六章「『不毛』論者の頭は『有毛』か」をお読みいただきたい。〕本書もまた同じ力をもっている。私にはいくぶん既視感をともなうが、読書の衝撃は、読者に自己点検を強い、無意味なしがらみからの解放を可能にするだろう。

4

学生をサルと規定することには、たしかに現実的な根拠がある。著者は言う。「学生の社会的経験はまだきわめて貧弱である。また、読書もろくにしていないから、他の人の経験を文章によって知るということも少ない。要するに無知であり、頭の中にろくに蓄えがない状態である。しかも、なお悪いことに、学生は自分がいかに無知であるかを自覚していないし、したがって無知を克服しようという努力もしない。要するに怠惰なのである。」(一一三頁)

しかし、私の教師体験やエンカウンターグループ体験からすれば、この規定は、幾分不正確である。〔田中氏は自分勝手に「規定」と呼びたがっている。それが誤読のもとである。

私は学生に言う。「〔略〕とにかく一年に少なくとも百冊読みなさい。わずか百冊も読まないような者は学生扱いする気がしない。」(『大学の授業』一一七ページ)そして、ときに、田安宗武の歌「書も読まであそびわたるは網の中にあつまる魚の楽しむがごと」をコピーした紙片を与えて言う。「本を読まない者は雑魚《ざこ》だ。あるいはサルだ。」

これのどこが悪いのか。また、これは「規定」か。

『大学の授業』は、教育の場における(学生との)コミュニケーションを読者に報告した(本の形の)コミュニケーションである。個々の場合のコミュニケーションには、目的が有る。状況が有る。相手がいる。私が「サル」だと言うのは、その場合の目的・

状況・相手ならばそれが適切だと解釈したからこそ、そう言っているのである。これは「規定」ではない。もちろん、正確・不正確を測るような事柄ではない。田中氏は「風呂上りにうす着でいると風邪をひくよ。」という警告を（「規定」だと誤解して）「風邪をひかない場合も多いから不正確だ。」と評するのだろうか。氏は「裸でいると雷さまにおへそをとられるよ。」という警告をも、「不正確な規定」と評するのだろうか。

要するに、私は学生を「無知」「怠惰」と見なして「サル」と言ってやる方が学生のためになるというコミュニケーションの処方を提案したのである。田中氏には（少なくともこの書評では）コミュニケーション分析の観点が全く欠如している。」私の知る限り、学生たちの多くは、量的には貧弱ながら質的には重い体験の核をすでにもっている。しかも、この体験の量的な貧弱さをどこかで自覚しているから、他とのコミュニケーションに開いていく柔軟性と志向性をもっている。私は、彼らの多くを対話の相手として扱うことによって、対話の相手として鍛え上げていくことができた。しかもその際、私は、対話の相手としての私自身の貧弱さを自覚することを強いられた。学生や自分や授業を見る見方という点で、著者と私には、かなりの差異がある。〔先には「幾分不正確」と書かれていた。ここでは「かなりの差異」になっている。この食い違いをどう説明するか。不整合ではないか。

右の論点を離れても、「見方」問題は実に難しい。複雑である。（詳しくは、次章以下で論ずる。）例えば、次のような問題にどう答えるか。

田中氏は京都大学の学生を見、私は千葉大学の学生を見ている。見方に差異が有っても当然ではないか。いや、これは見る現象が違うだけであって、二人の見方の本質には差異は少ないのかもしれない。では、二人の見方の違いの大きさというものを、どういう論理的手続きで測るべきなのか。」著者は、私の見解の証拠を求められるかもしれない。私たちの公開実験授業については詳細な記録が多く刊行されており、何よりも授業公開が常時続けられている。モデル授業ではなく、議論のたたき台を提供するものなので、あるいは「たるんだ」授業であるかもしれない。しかし、いつか著者が参観されて私たちの議論に参加されれば、幸いである。

II

教師は自分の授業について書く。事前にはその計画を書く。例えば、いわゆる学習指導案である。また、教師は事後に既に行われた授業について書く。例えば、いわゆる実践記録・授業記録である。また、行われた授業に基づいた授業論である。

これらは、教師が自分の授業についてどう思っているかを書いたものである。つまり、「授業」についての自覚の表現である。自覚としての「授業」である。

拙著『大学の授業』も、この自覚としての「授業」である。

これに対し、実際に行われた、あるいは行われつつある現象としての授業が有る。現象であり、教師が意識して思考したものではない。意識の外側の事実である。だから、「　」は付けないで、以下 **授業** と書く。

自覚としての「授業」と現象としての授業との関係が問題である。つまり、両者の関連とずれの問題である。

現に行われている授業を見ていても、わからないことが有る。例えば、教師は何のために（どんなつもりで）、この教材で、この発問をしたのかがわからない。授業の場で見え聞えしている現象しかわからない。

逆に、自覚され報告された「授業」を読んでも、言葉になった範囲でしかわからない。実際にその場にいて見え聞えたことで重要なことも有るのだろうが、教師自身は気がついていないという事態も有る。

このような両者のずれの問題は、いわゆる「出口」論争の検討のために決定的に重要であった。例えば、「出口」授業についての、大西忠治氏と宇佐美との対立を分析するためには、このずれの論究が必要であった。「出口」論争の総括である拙著『授業にとって「理論」とは何か』（明治図書、一九七八年）を読んでいただきたい。特に「第十三章　文章としての授業記録――大西忠治氏の『思い入れ読み』を排す」「第十四章　自覚としての『授業』、現象としての授業」である。なお、現在、入手しやすい形としては、『教育のための記号論的発想（宇佐美寛・問題意識集15）』（明治図書、二〇〇五年）に再録してある。

田中氏は「出口」論争に言及しているが、右の拙著は意識の中に無かったようである。

もし、意識していたならば、当然、右に論じた自覚としての「授業」と現象としての授業の差違と関係の問題を考えざるを得なくなったはずである。

そうなれば、次のような論点が見えてきたはずなのである。

1. 先に引用したように、田中氏は「学生たちの多くは、……質的には重い体験の核をすでにもっている。」と言う。しかし、これは自然現象ではなく、田中氏の解釈、つまり自覚に他ならない。宇佐美は同じ学生を見ても、そうは解釈(自覚)しないかもしれない。「質的」とは何か。「量的」とどう区別するのか。

2. 氏は言う。「学生たちの多くは、……柔軟性と志向性をもっている。」これも、なぜそう見えるのかを現象のレベルから説明していただきたい。どのような現象をどう解釈すると、そう結論できるのか。

3. 「学生や自分や授業を見る見方という点で、著者と私には、かなりの差異がある。」と氏は言う。見方の差異なるものは、なぜ生じたのかを氏は推測すべきだった。前述のように、氏と私は別の学生たちを教えている。いや、他の読者も、それぞれあい異なる学生を教えているのである。

4. 右の「見方」の差異は、どう決着をつけるべきものなのか。どちらが正しいかを決めるべきものなのか。

5. 「いつか著者が参観されて……」と公開授業を参観することが期待されている。宇佐美の目に何が見え、それゆえに宇佐美の「見方」がどう変わると田中氏は期待しているのだろうか。ひとは、多かれ少なかれ自覚としての「授業」を通して現実の授業を見るのである。だから、見るべきだと思っているものしか見えない。

III

参観を促し勧めるためには、その前に、右の1—5の論点の提示・検討が要る。

限られた紙幅の書評で、右の1—5を論ずるのは、困難かもしれない。それは認める。それならば、『大学の授業』の書評がまずするべきは、宇佐美の自覚としての「授業」が何であるか、この本でそれがどう書かれているかを述べることである。つまり、あの本に書かれている宇佐美の授業思想を示すことである。宇佐美の〈授業〉についての思想の重要な柱はどのようなものかを示すことである。

田中氏の「書評」はそれをしなかった。それをしないで、どうして、あの本の書評たり得るのだろうか。例えば、あの本に書かれた授業思想は、次のような柱に支えられている。（番号をつけるが、順不同である。いや、これらは連関して一体の構造をなしているのである。）なぜ、これらの柱が重要であるかという理由は、あの本に書かれているから、ここでは書かない。

1. 〈講義〉という因習をやめよ。
2. 読み書き能力が学力の基礎である。
3. 規律・礼儀を守ることを教えよ。
4. 発声や挙手のような体のあり方を指導せよ。
5. ノートの指導をせよ。
6. 引用や事実の報告を重んじた「目の低い」読み書きをさせよ。（「神は細部に宿りたまふ」）
7. 文（思考）の定型を教えよ。
8. 授業外の大量の読書を課すべきである。

書評では、まずこのような授業思想の柱を紹介すべきなのである。田中氏は、それをしなかった。

さらに次には、右のような柱を田中氏はどう評価するかを書くべきだろう。

そのためには(言うまでもなく)評者である田中氏自身の授業思想を整理して、これらの柱にぶつけなければならない。(自分の思想を示しながらでなければ、他者の思想の評価は出来ない。言うまでもない。)

とにかく、このように両者の授業思想の柱を比較すれば、「学生や自分や授業を見る見方という点で、著者と私には、かなりの差異がある。」という文が何を意味しているのか、どんな「差異」なのかが明らかになる。田中氏がそこまで踏みこまなかったのが残念である。

第4章　色づけ(slanting)

Ⅰ

次の三冊を読んだ。いずれも京都大学高等教育教授システム開発センター編である。同センター（現在は、「京都大学高等教育研究開発推進センター」）の御学恩に感謝申し上げる。

1.『開かれた大学授業をめざして――京都大学公開実験授業の一年間――』（玉川大学出版部、一九九七年）
2.『大学授業のフィールドワーク――京都大学公開実験授業――』（玉川大学出版部、二〇〇一年）
3.『大学授業研究の構想――過去から未来へ――』（二〇〇二年、東信堂）

三冊の内容構成はいずれも、田中毎実教授の「公開授業」に関わっている。

特に右の『開かれた大学授業をめざして』は、全三部を通じて田中氏の「公開授業」（授業科目名「ライフサイクルと教育」）についてである。（「第一部　公開授業はどのように行われたか——記録——」「第二部　公開授業で何が見えたか——分析——」「第三部　大学の授業実践のために——反省と展望——」）

田中氏の志に敬意をささげる。氏の実践による刺激が有ったから、大学の授業について多くの人が、様ざまに考えることが出来た。

しかし、わが国の教育学界は、氏の志に（また、氏を支え、氏に協力したセンターの人びとに）全然応じていない。報いていない。氏の公開授業とそれに基づく研究に何の分析も評価もしていない。

現実の教育実践に対するこの無関心、鈍感、冷淡は、わが教育学界の慢性病であるから、意外ではない。「いつものこと」である。

ただ、この状態は、田中氏に対して（センターに対しても）、まことに無礼である。

黙っていられない。私一人でも、氏の公開授業とそれに基づく研究について考えを述べたい。いずれ、将来の教育学史の流れの中で宇佐美のこの論究が（少なくともその意地だけは）注目されるだろう。老人は、そんな気持になっている。

以下の諸章にわたって、前掲の三冊によって、論ずる。

Ⅱ

> 公開授業の一年が終わった。つぎつぎに密度の高い体験の引き続いた、長い長い旅路だった。〔『開かれた大学授業をめざして』一四ページ〕

右は、「第1章」の最初の部分である。私にはこの最初からわからない。体験について密度が「高い」とか「低い」とかを、どう計るのか。だれの体験なのか。

> 授業終了前には、受講生各人の「感想・意見・反論／何でも帳」へコメントを記入させ、これを回収した。「何でも帳」は、三重大学の織田教授の「大福帳」というきわめて斬新な試みに示唆されたものだが、すべてのコメントへ私のごく短いコメントを書き込んで、次回の授業開始前に返却した。〔『開かれた大学授業をめざして』一四ページ〕

「きわめて斬新」とは、どんな特性なのか。「きわめて斬新」だと、なぜこの授業で使うのに適しているのか。きわめて斬新であろうが、きわめて古かろうが、良いものは良い、悪いものは悪いのである。

右の「密度の高い」も「きわめて斬新」も、もとの事実との対応関係が不明である。形容のみが暴走している。前述の（九ページ）「色づけ」(slanting)に過ぎない。筆者は事実を示さず、書くべきことを書かず、ひとりで力んでいる。このような色づけの文章を読まされる読者は、その文章を信用しなくなる。当然である。

① 田中氏は「授業案」について、次のように言う。二箇所を引用する。

> 私が、授業で事前に準備したものは、授業案と「感想・意見・反論／何でも帳」抜粋と授業用資料である。授業案は、参観者用にやむをえず作成したが、三年たってもあいかわらずひどく粗雑なままだった。私のかつての指導学生で現在小学校教員である幾人かが、授業案を見たが、あまり感想も述べず、むしろ気の毒がっている様子だった。彼らにとって研究授業での授業案は、はるかに具体的で詳細である。年間、学期、月間の大きな文脈のうちでこの時間に何をするのか具体的に規定し、この目的の下で授業の流れと教材の組立を示し、教員活動を組織的に示し、生徒一人ひとりの反応を予測し、さらにそれへの働き返しを想定する。場合によっては、生徒一人ひとりのどこに着目すべきかについてもれなく記した座席表や、教材展開の時系列に応じて予測される教員行動、生徒行動のフローチャートなどを、きちんと作る。残念ながらこれは、毎週書くという重い負担からして、私にはとてもできなかった。〔『大学授業のフィールドワーク』一九ページ〕

②

> 授業案は、次に紹介する二回分だけを例として挙げておいた。かなり簡便なもので、製作者としては若干の恥ずかしさがある。今は小学校で教鞭を取っている私のかつての教え子にこの授業案を見せて苦笑いされ、すこし傷ついたことがある。毎週かならず書くという重苦しい負担感から、じょじょにこんなきわめて簡便な形式に落ち着いた。授業案もまた、シラバスのように、いずれ学生とのやり

とりなどのアドリブを生かして、創造的に崩されざるをえないと考える。しかしこの即興的・破壊的な創造の意義をただしく把握するためにも、授業案は、もっともっと詳細に書かれるべきであったかもしれない。シラバスと同様である。〔『開かれた大学授業をめざして』二二三―二二四ページ〕

田中氏の「授業案」は、後に引用する。（一〇〇ページ）

「授業案」を読んだり引用したりするよりも前に、右の①②の文章を読んだだけで、私は当然、次の問題を意識する。これらの問題は、田中氏が自覚して論ずべきことだったのであり、それなのに書いていないことなのである。

1．「授業案」は何のために書くべきなのか。
2．そのような「授業案」をだれが読み、どう使うのか。
3．小学校の教師は、どう思ったがゆえに「気の毒がっ」たり、「苦笑い」したと田中氏は推測するのか。
4．小学校の教師のそのような思いは正当か。
5．「はるかに具体的で詳細」な小学校の授業案をどう思うか。そのような項目・詳しさを必要だと思うか。また、大学の研究授業でもそのような項目・詳しさが必要なのか。

このような問題を田中氏自身がどう考えていたのかは書かれていないから、不明である。不明なのに、なぜ「残念ながら」「若干の恥ずかしさ」などと、反省しているような文章を書くのか。「授業案」とは何であり、何故要るのかを論ずる方が先である。この「授業案」論をしないうちは、残念がったり恥ずかしがったりしても、そのような感情が正当であるという根拠が不明なのである。小学校に比して引け目を感ずるのが当然かどうかは不明なのである。

「開かれた」大学授業とは、授業計画（「授業案」）についてのこのような不明さが無い授業のことであるはずである。

II

田中氏は、次のように言う。（『大学授業のフィールドワーク』二七ページ）

> 第二に、これまでの高等教育の授業研究では、実践家と理論家とが、おうおうにして役割を分業しがちであった。分業の実態は、複雑である。たとえば、小中学校では、実践者たちの授業研究の場に、大学の研究者が助言者として招かれることがある。そんな場合、大学の研究者もまた現場をもつ授業実践者であることは、あまり誰にも(当の本人にすら)意識されないのが通例である。くわえて、きわめて奇妙なことではあるが、高等教育外の実践者たちは、自分たちの授業実践のフィールドだけを、「現場」とよんでいる。一例をあげよう。私たちの授業検討会に参加していた他の学校種の退職教員は、ある時、議論で激昂したあげく、自分の授業実践に検討が加えられている当の大学教員に向かって、「あなた方と違って、私たちは、現場にいるのだから」と叫んだのである。

なぜ「きわめて奇妙なこと」なのだろうか。それ以前の田中氏の論旨とのつながりでは、「きわめて当然なこと」と書くべきなのである。例えば小学校の教師が、大学を「現場」扱いしないのは当然である。氏も書いているように大学の研究者本人でさえ大学が「現場」であるという意識が無いのである。自分で授業実践の「現場」だと意識していない教員が多い大学という場が、小学校の教師の目に「現場」とは見えないのは当然である。本人たち自身が「現場」とは思っていない場は小学校の教師も「現場」扱いしない。それが、どうして批判されねばならないのか。

さらに、前節に述べた「授業案」についての1―5のような本質的問題さえ自覚されていないのである。小学校とはどう違うのかも不明なままである。授業についての専門的意識を持つ田中氏のような教員でさえ、授業案についてそのような無自覚な状態である場を、小学校の教師が「現場」とは見なさなくても当然ではないか。

また、さらに次のようにも書かれている。『開かれた大学授業をめざして』一一三ページ。第7章「参観者はどう変わったか」（石村雅雄）である。

> 田中教授は「醜く汚い板書と無計画な印刷資料の配布以外のどんな視聴覚教材も使ったことはなく、さらに発問や小集団討論の併用などについても殆どどんな知識も体験も見識もない」といわれるが、これは、多かれ少なかれ多くの大学教員の共通の状況であり、

田中氏のこの公言、この状況では、小学校教師が大学を「現場」とは見なさなくても、当然ではないか。

氏は、小学校の教師の「気の毒がっている様子」や「苦笑い」（八二ページ）をどう解釈したのか。小学校の教師のこのような反応を正当なものと考えたか。正当なものと考えるなら、大学は「現場」扱いされず、気の毒がられた

り苦笑されたりする程度の所なのである。もし、反対に、そのような反応が不当だと考えるならば、小学校教師を批判すべきである。批判のためには、先の**1―5**の問題についての答を明らかにせざるを得ないはずである。

要するに、書くべきことが書けていないのである。

「議論で激昂したあげく、自分の授業実践に検討が加えられている当の大学教員に向かって、『あなた方と違って、私たちは、現場にいるのだから』と叫んだのである。」

読者はこの報告をこのまま信じなくてはいけないのか。事実との対応が乏しい色づけ(slanting)の文言である。どんな議論だったのか。何が対立点だったのか。お互いにどんな言葉を言ったのか。

議論の中身を具体的に報告すべきなのである。筆者田中氏のまとめは、議論の一方の当事者であるだけに、信頼性が疑われる。両者が言ったとおりの言葉を引用すべきなのである。

自分が議論で何を言ったかをそのとおりに紹介もしてもらえないのに、「激昂したあげく」とか「叫んだ」とか色づけしたまとめだけをされる。……この「退職教員」は気の毒である。

また、「相互研修」について田中氏は次のように言う。(『大学授業のフィールドワーク』三〇ページ)

> 私たちは、公開実験授業への参加条件に、ほとんど何の制約もつけなかった。そこで、時には参加の仕方が問われるような人たちも現れた。議論の流れにほとんど頓着せず、自閉的な発言を繰り返す人。

授業の（形式ではなく）内容に介入する発言を繰り返し、しかもそれを、（授業展開に即してではなく）断定的発言を投げ出す仕方で、言い放ちつづける人。さらには、実現の可能性の低い提案を、そのつどの状況の違いを無視してただ機械的に繰り返す人。

これについても同様である。田中氏がこのようにまとめて短く書いた評価ははたして正しいのだろうか。読者は田中氏の側のみを信用しなければならないのだろうか。本当は、氏がこのように低く評価した人たちの方が正しいのではないだろうか。例えば、「授業の（形式ではなく）内容に介入する発言を繰り返し、」である。これのどこが悪いのか。内容を批判してはいけないのか。内容を批判すると「介入」などと非難されねばならないのか。批判者は納得いかなければ、発言を繰り返す。当り前である。

要するに、色づけのまとめに満ちた文章である。こういう文章は、「田中氏の人格を信じてこの評価をのみこめ。」と言っているようなものである。どんな事実であったかが不明である。つまり、だれがどんな言葉で言ったのかを示す引用が無い。だから、信ずることを要求されているだけなのである。

氏は、あまりに無価値な発言なので引用するのも無駄なのだと言うだろうか。（大学人の文化を知り得る貴重なデータだとも思えるのだが。）もし、無駄なら、このような否定的評価の文章全体を削除すべきである。事実を示さず、評価のレッテルだけを示すという扱いを参加者は受けるべきではない。

こういう色づけの文章を読まされると、「この調子では授業そのものの報告の文章も疑ってかからねばならない。」と読者は思う。

授業について報告する時の斎藤喜博氏の文章も、色づけに満ちていた。

例えば、「出口」の授業についての文章である。『「出口」論争とは何か（宇佐美寛・問題意識集1）』明治図書、二〇〇一年、五三―五五ページ（もとは、『斎藤喜博全集』第4巻、国土社、一九六九年）

同じく三年の国語の教科書に、つぎのような文章がある。

あきおさんと　みよ子さんは　やっと　森の　出口に　来ました。ふたりは　助け合いながらやっと　家が　見える　所まで　来ました。つかれきって　速く　歩く　ことが　できません。

この文章のところで「出口」ということばが問題になっていた。子どもたちは「出口」を、森の終わった最後のところ、すなわち、森と、そうでないところとの境になっている一点と解釈していた。それもまちがいない一つの解釈だった。

私は、それに対して反対の解釈を出した。そういう最後のところではなく、ふたりは、境界線の見えるところまできたとき、出口にきたといったのであり、出口というのは、もっと広い範囲をさすのだといった。

子どもたちは、私の解釈を聞くと、怒ったようにして立ち上がり、猛烈に反対した。「そんなことはない」といって、手を動かしたり、図に書いたりして自分たちの主張を説明した。

そこで私はまた自分の意見を出した。「みんながいっしょにならんでよそへ出て行くとき、どこまで行ったら島村の出口へ来たというのだろうか。島村と、となりの村との境には橋があるが、橋の出はずれのところへ行ったとき、出口へ来た、というのだろうか。それとも、遠くの橋が見えて来たとき、出口へ来たというのだろうか」といった。

私が、こういうのといっしょに、子どもたちは、「あっ、そうだ、わかった、わかった」といった。「そうだったんだ、それがわからなかったんだ」という子どももいた。「先生の方がほんとうだ」という子どももいた。緊張し集中して私に反対していた子どもたちが、一度に花の咲ききったように充足しきった喜びの表情になり、自分自身で発見したような満足しきった空気に学級全体がなり、それがまた、花のくずれたようにやわらかな空気になり、緊張をほぐしていくのだった。

ここでも子どもたちは、「出口」ということばに対する自分たちの認識を拡大深化させたのだった。自分たちが持っているのとは別な、創造の世界に自分たちの認識を引き入れられたのだった。そういうことに子どもたちは喜び満足し、「そうだったんだ、それがわからなかったんだ」という、充足しきった、喜びの声を出したのだった。

もし授業のなかでこういうことをしないで、「出口」というのを、ことばだけで教えるようなことをすると、それは、文化遺産を低調に、ありきたりのままに教えることになるから、子どもの現実認識は、概念的になり、新しい事実にぶつかったとき、生き生きとそれを解釈し、再創造していくことのできない、それこそ「ひよわ」な人間をつくってしまうことになる。

斎藤氏を信頼して感じいっている者だけが同調できる文章である。

感じいって同調すると、頭は動かなくなる。斎藤氏の教材解釈がいかに誤っていても、誤りに気づかない頭になる。この教材解釈の誤りについては、右の『「出口」論争とは何か(宇佐美寛・問題意識集1)』をお読みいただきたい。

この「出口」論争当時、私は右の斎藤氏の文章について、次のように書いていた。

現在、『教育のための記号論的発想』(宇佐美寛・問題意識集15)明治図書、二〇〇五年、に収めてある。同書一八六ページ。

> 子どもの側の喜びをたてにとって教師が自分の授業を高く評価するのは無責任である。「喜び」は、授業内容のことばに翻訳されなければ、異なる個人の間での検討に耐える授業記録の文章には入り得ない。つまり、教師は「自分はこの教材で、どのような内容を、なぜ知らせるのか。子どもは、それを知り得たかどうか。」を自覚すべきである。この自覚の内容をこそ文章化すべきなのであり、それが授業記録である。だから、子どもの喜びを賛美するのではなく、「子どもは、なぜ(どのような思考内容になったがゆえに)喜ぶべきか」についての自分の考えを書くべきなのである。ところが斎藤氏は、このような責任をとろうとしない「こま切れ教授論」を示すのみである。これで斎藤氏の実践を「すぐれた」と思えるのは、「思い入れ読み」のせいであろう。

> 例えば、斎藤氏の「不まじめ」な文章に見られる、子どもの「喜び」のような感情的反応がある。「喜び」などというものは、「すぐれた授業」の基準ではあり得ない。「出口」の授業では、斎藤氏も子どもたちも、教材の文章を正確に読む方向で思考内容を作ることはできていないのだから、「喜び」があったとして

> も、それは価値のない「まちがった」喜びだと、教師としては、みなすべきである。
> 子どもが、内容として何を知ったがゆえに喜んでいるのであるか、また、その内容ゆえにその喜びは正当であるかどうかを教師は知るべきなのである。それを知らないのは、子どもがなぜ喜んでいるのか、その喜びをどう評価すべきかを知らないことである。それを知らないで、子どもが喜んでいるのを喜ぶのは、教師が自分を失い、責任をとれなくなっていることである。〔同右書、一九五－一九六ページ〕

先の「参加の仕方が問われるような人たち」の言動の事実を具体的に報告すべきなのである。それをすれば、そのような大学教員の思考法ではなぜ明確な授業計画が立てられないのかが想定できる。授業は教師の人間の表れなのであるから、当然である。

私自身は、自分の目から見てとうてい容認できない言動をどう記述したか。しかも、粗雑な色づけの語句でまとめるという怠惰な文章を排し、いかに詳しく記述したか。……「付録」に収めた「学部長意見書」三点は、その例である。けしからぬ言動のけしからなさを、多くの人にわかるように、ねばって詳しく書こうと努めた文章である。吟味して読んでいただきたい。

第5章　様ざまな不整合

Ⅰ

①　溝上慎一氏は、田中毎実氏の「授業観」を次のように紹介する。（『大学授業研究の構想』六三ページ）

T教授は、授業の根幹をなす教育学の教育に対して、次のようにその見方を述べる。「私の専門は教育学ですが、今教育学は自信喪失の状態にあります。学校が荒れて何とかしてほしいという声があっても、まともにそれには対応できない。今までならば、外国からの輸入理論で、こんなことを言っているのだからこうすればいいと言えばよかった。しかし、今は教育学を輸入理論で語ってもどうにもならない。自分の言葉で語っていかざるを得なくなりました。したがって、私たちは教育学を教えていく時に、〈伝達したことをきちんと学校で再生するように〉と指示して教員をめざす学生に教授することができない。お互いに考えながら創っていかざるを得なくなってきていると思います。」（田中毎実、一九九九、五七頁)。
　T教授は、このような教育学教育への見方のもと、学生からの意見や反論をなるべく受け入れ、それを授業の構成に組み入れていくようにしていると言う。学生から見方や構成を崩されたら、それを受け入れてもう一度再構成し、それを学生にぶつけてさらに再構成する。こうした授業の在り方を、彼は「相互性」ある授業と呼ぶ(田中毎実、一九九九)。ここで研究の対象となるT教授の授業実践は、彼のこのような教育学教育への見方を強く反映したものである。

〔右の「田中毎実、一九九九」は次の文献である。「相互性を生かす授業——公開実験授業の経験から」大学セミナー・ハウス『第16回大学教員研修プログラム記録：よりよい大学教育の方法を求めて・教える授業から学ぶ授業へ—その2』財団法人大学セミナー・ハウス、五六—六四頁〕

② 『開かれた大学授業をめざして』二七ページの「資料1」のタイトルは、「平成8年度『ライフサイクルと教育』授業計画」である。その「授業の目標及び期待される学習効果」の欄は次のとおりである。

授業の目標及び期待される学習効果

これまでの「教育学」(pedagogy)の仕事の範囲は、その「子どもを導く術」という語源的な意味によって大きく制約されてきた。今日ではこの教育学の狭い自己理解の仕方は、複雑で巨大な教育諸現象の理解を妨げている。本講義では、このようなこれまでの教育学に原理的な反省を加え、これを、「人間のライフサイクルの全体と異世代間の相互形成」を主題とする「人間形成論」に再構築する作業について、考えていきたい。この教育学の人間形成論への再構築は、今日の具体的で切実な教育現実によって求められており、しかもすでに完了しているのではなくて、いままさに進行中である。したがって、学生諸君もこれらの問題を、抽象的な議論としてではなく、自分たちの身に即した問題として、しかもただ教え込まれるのではなく、理論の生成過程に主体的に参加する仕方で、考えることができるだろう。このようにして学生諸君は、本講義を通して、教育学のもっとも先端的な学問論的な議論に参加しつつ「人間」とその形成・生成について深く考えるという意味で、「高度一般教育」の一つのタイプに出会うことができるのではないか、と考えている。

さらに、同書三一ページの「資料3」のタイトルは、「『平成8年度講義『ライフサイクルと教育』――講義経過――」である。最初の回である四月一五日については、次のように内容が記されている。

③

4月15日
公開授業に入る前に、そのオリエンテーションを行った。「シラバス」と「当面の講義経過」を配付し、講義の内容と形式を説明した。

> 授業の形式については、これが若干の参観者がありヴィデオ撮影を行う研究授業であること。この成果についての刊行物は、受講生に公開することなどを説明した。
>
> 講義内容については、教育学を人間形成論へと再編成する必要があり、この再編成のため講義者が共同研究の一環として現在行っている作業に受講生を誘いたいことを説明した。まず、「教育」と「教育学」の語義を、その欧州語の起源にまで遡って説明した。「教育」については、「子どもの可能性を引き出す」という語源からする通俗的なロマン主義的な解釈が成立しえないこと、さらに、「教育学」の語源については、その複合語としての「子どもを導く術」という語義が、これまでの教育学の自己理解をひどく狭めてきたことを指摘した。今日の我が国の関連する統計資料から、一九七八年以後巨大な学校複合体が成立し、80年代になってこの複合体のあらゆる部分で機能障害が目立って来るにつれて、教育の課題も「量的な拡大」から「質的な改善」へと鋭角的に変化したことを、指摘した。このような教育現実に対応するべき教育学は、「子どもを導く術」という自己理解の狭さを脱して、「ライフサイクル」の全体と「教育することによる教育する者自身の成熟」を含む「異世代間の形成の相互性」を主題とする「人間形成論」へと再編されなければならない。これが講義の主題である。

Ⅱ

読者は、右の三つの引用箇所を通じて、様ざまな不整合(inconsistencies)を見たであろう。つまり、つじつまが合わない論法に気づいたであろう。

例えば、次のような不整合である。

1．「授業」と「講義」とが全く区別できていない。講義以外の方法は全く意識されなかったらしい。何の断りも無く、「授業」が「講義」に変わっている。

2．「お互いに考えながら創ってい」く（①）とか「学生諸君も……理論の生成過程に主体的に参加する仕方で、考える」などの状態を望むならば、〈講義〉という方法は、かなり不適である。学生個々がこの瞬間に何を考えているかが、一方的に話しつづけている授業者には全くわからないからである。だから、学生が創っていきつつあるのか否か、主体的に参加しているのか否かも、全くわからない。

それなのに、なぜ〈講義〉という方法しか思いつかないのか。

3．〈講義〉が一方的だというのは、単に音声が教師↓学生という一方向のみに流れるというだけのことではない。音声の内容が一方的なことが多いのである。つまり、教師が自ら満足している論理で整理された内容を語るのである。だから、例えば、次のような学生の思考状態についての問題には全く配慮がされない。今、学生はすでに何を知っているのか。（どんな情報の蓄積が有るのか）。したがって、ここで何を知らせるべきなのか。何を不思議だと思わせるべきなのか。

4．教育学の現状とか、教育学の創造などは、教育学の素人である学部学生に対して、まず語るべきことなのか。「教育学は自信喪失の状態」とか、今までは「外国からの輸入理論」だとか聞かされても、学生は判断しようがない。全然、その類いの情報を持っていないのである。だから、教師は実質的に「そうなのだから、そう思え。」と飲みこませているにすぎない。

このように大きな概括から語り始めるというのでは、学生は一方的に飲みこまされていることになる。学生は、概括を疑うための具体的事実を何も与えられていないのである。

これは、「お互いに考えながら創って」いくとか、「主体的に参加する」とかの理想とは矛盾する状態である。

5．また、「学問論的な議論」などというものも素人の学部学生にとって、重視されるべきものではない。学生が重視し強い関心を持つべきは、現実の教育の事実である。教育学ではない。

また、教育の事実をどう解釈し、それにどう対処するかを考えるのが教育学である。具体的事実を知り考えれば、教育学はそこに機能しているのである。事実を抜きにしてまず教育学論を聞かせるのは、教師の一人よがりである。いや、教育学論など不必要なのである。教えるべきは〈教育〉という事実なのであり、〈教育学〉ではない。

6．田中氏が学生に与えた教育学についての次のような命題は、そう自明なものではない。あるものは疑わしい。他のあるものは少なくとも議論の余地が有る。また、あるものは、それだけを見れば正しいが狭すぎる。つまり、他の側面にも配慮すべきものである。

(1) 「今教育学は自信喪失の状態にあります。」……教育学は人間ではない。不当な人間化である。自信喪失し得るのは、教育学ではなく、教育学者だろう。しかし、本当に教育学者は自信を喪失したのか。あるいは、かつては自信を持っていたのか。

(2) 「今は教育学を輸入理論で語ってもどうにもならない。」……今までも、輸入理論ではどうにもならなかったのだ。

(3) 「これまでの『教育学』(pedagogy) の仕事の範囲は、その『子どもを導く術』という語源的な意味によって大きく制約されてきた。」……単なる一つの語の語源が学問の範囲を制約し得るか。どんな事実によって、それを実証するのか。さらに、英米では、既に "pedagogy" という語は、まれにしか使われない、死語に近い状態である。(「教育」も「教育学」も "education" である。)

(4) 「『人間のライフサイクルの全体と異世代間の相互形成』を主題とする『人間形成論』に再構築する」……〈人間形成〉という概念はあまりに広すぎる。人間形成はあらゆる所で行われている。教育学をそのような漠とした意識に解消させてはならない。

自民党の新人議員が派閥の幹部から「政策を論ずるのは自由で平等だが、酒の席では上下があるのだ。」とか「酒の席で大事を語るな。」とか教わる。また、いわゆる「振り込め詐欺」集団では、指導者が電話での話し方を詳しく、厳しく教える。これらは異世代間相互の人間形成だ。しかし、これまでを「教育」と考えるのでは広すぎる。

教育を例えば、「理想を持って人格的変容を目指す計画的働きかけ」と狭く限定しなければ、教育学は成り立たないし、教育は何に力を入れたらいいのかわからない。「教育や教育学を考えるさいに、いろいろな種類の人間形成も参考に比較し考え合わせよ。」という勧めなら理解できる。教育・教育学を解体して「振り込め詐欺」学校とその研究までを含めよというのは、教育の実践・研究の本質を見失わせる不当な要求である。

とにかく、教育や教育学について何も具体的情報を蓄積していない学生に、こんな不安定な大説、壮大なる説(grand theory)を前提として与えてはならない。まず与えるべきは教育の事実についての具体的情報である。(大説ではなく小説である。)

Ⅲ

Ⅰ・Ⅱ節で見たような不整合は、学生の思考を見えにくくする。学生の主体的な学習活動をどう保障するのかが見えない。

基本的構造は、〈講義〉という旧い方法の弊害に対する無自覚である。この構造の中に右に見たような不整合が位置し、互いに補強しあっている。

一回分の「授業案」二つが『開かれた大学授業をめざして』に載っている。六月二四日、一〇月二一日の分である。それぞれ初めの部分(「本時の目的」)を次に引用する。それぞれ、同書四九ページ、五六ページである。

授業案8（6月24日）
ホスピタリズムの人間形成論(6)

1　本時の目的――①「何でも帳」の記述を利用して、「大人になること」「基本的信頼」などの議論を行い、先週の復習と本時の導入とする。次いで、②先週の課題を引き継ぎ、ホスピタリズムの意義を歴史的社会的かつ人間形成論的に説明する。③人間形成論の立場からM事例を取り上げる意味を、ライフサイクルと異世代間の相互形成の両面から説明し、④事例研究を取り扱うことの人間形成論の構築にとっての意義について論じ、最後に⑤次週以後の児童虐待論の一般的な予告を行っておく。

授業案12（10月21日）
児童虐待の人間形成論(3)

1　本時の目的――「何でも帳」の記述を用いて、「児童虐待の人間形成論」の総括を行い、次回以後の「老いと死の人間形成論」への導入を試みる。つまり、まず①「何でも帳」の記述を利用して、「親の側の問題」「子の側の問題」「まわりの問題」「反復強迫とその突破」のそれぞれについて、受講生との討論によって検討を加え、次いで、②ライフサイクル、相互性、システム、役割の二重性などの観点から、児童虐待の人間形成論の総括を行い、最後に、③とかく成熟や成長の問題とは縁遠いと考えられがちな「老いと死」の「人間形成論」について、とくに「死」に焦点づけて問題の輪郭を意識させ、次回以後の導入とする。

「何でも帳」とは何かについては、溝上慎一氏が、次のように書いている。（溝上慎一「学生を能動的学習者へと導く講義型授業の開発――学生の内面世界のダイナミックスをふまえた教授法的視点――」『教育学研究』第七〇巻第二号、二〇〇三年六月、三三一―三四ページ）

この授業では、「何でも帳」と呼ばれる授業ツールが開発されており、何でも帳の使用が授業者と学生との双方向性を実現している。田中によれば、何でも帳とは、ホッチキス留めされたA４判の用紙のことである。学生たちは授業の終了間際に、その日の授業を通して考えたこと、疑問に思ったことなどを何でも帳に5～6行くらいの分量で自由に書き込むことが求められ、授業者はそれにコメントを付して、次の授業で学生たちに返却する。

また、授業者は、学生の何でも帳記述の一部を抜粋してプリントを作成し、次週の授業設計をおこなう。たとえば、ある日授業者は、「家族は赤ん坊を育てながら赤ん坊に育てられる」という **Erikson** の相互調節（**mutuality**）の考え方を講義した。その日のある学生からの何でも帳には、次のようなことが書かれてあった。

「AがBに教えるためには、AがBと異なる何かをもっていなければならないと思う。赤ん坊が家族を育てるというのなら、赤ん坊は年長者にない何かをもっているのか。それは違うと思う。赤ん坊は真っ白で、他者を染める力をもち得ない。父親が赤ん坊によって変化するなら、それは赤ん坊を媒介として、父親の本能が目覚めるからで、本能が父親を教えたのだ。ならば、それは教育の問題なのか？教育の問題に関連して、授業中に扱う価値がある話なのですか？」

授業者は、次の授業でこの学生のコメントを取り上げ、「教育は知識やモノを伝達するだけの仕事ではない」と反論する。
授業は、以上のように、(1)学生は講義を聞いて考えたこと、疑問に思ったことなどを何でも帳に書く。(2)授業者は何でも帳にコメントを付して学生に返却する。(3)何でも帳の一部の記述は次週の授業の素材として用いられ、授業者から学生たちにコメントや反論という形でフィードバックされる、の３つの構成部を繰り返して進行する。

「何でも帳」については、後で論ずる。

IV

この「本時の目的」を見て、奇異に感ずる。教師が何をするかしか書かれていない。学生がこの一時間、瞬間ごとに何をしていればいいのかが全く不明なのである。これでは、学生は放任されているだけである。「主体的に参加する仕方で、考える」とは、そのような結果になることを一方的に願望しているにすぎない。考えさせるように、授業過程の節目ごとに、学生のその時点での思考状態を推測して、適切な働きかけをするという指導は出来ない。

旅客機を整備する。離陸し、飛行をつづける。目的地に着陸する。旅客機の運行のこのような一連の過程において、整備・操縦・管制等の関係者が入念に配慮すべき事柄がいろいろ有る。守るべきルールが有る。マニュアルが有り、それに従うのだが、マニュアルには書かれていない事柄も生じる。とにかく両者を含めて、あるべき作業を自覚して行わねばならない。

私はこのような「自覚」について問うたわけである。「不整合」だとして私が示した諸問題は、(その解答においては、私とは違うとしても、とにかく)授業以前に「自覚」されるべきものである。田中氏は、またセンター関係者は、これらの問題を自覚し検討したのだろうか。

「……といった問題点が考えられ、検討したが、結局……といった理由によって、このような指導案になった。」ということを見えるように書くべきである。何しろ研究授業・実験授業なのだから、それが当然である。

「公開」とか「開かれた」とは、このような当事者たちの「自覚」(つまり、腹)が透明で、他者にも知り得るということなのである。

第6章　講義・「何でも帳」・私語

I

『開かれた大学授業をめざして』「第6章　公開授業を描写する——ティーチング・ポートフォリオの試み」（杉本均）に次のような箇所が有る。（同書、一一四—一一五ページ）

田中教授からみた学生の全般的な「食いつき」は「予想よりも良い」という判断であり、前任校ではこのレベルの内容に入ると学生からの拒否反応がみられたが、「京大では難しい話をすればするほど、学生が目を覚まして聞いてくれる」（REF—15田中）ということに大きな驚きを見いだしていた。

ところがその授業後に学生が書いた「何でも帳」の感想には、その三分の一ぐらいが「話が難しい」という反応を示しており、学生の授業中の表情と実際の理解度には大きな隔たりがあることが発見された。例えば「今回は話がむずかしくてよくわからなかった」（NC—11／25経済学部・女性）や「話がだんだん抽象的になってきたので、わからなくなってきている。困ったな」（NC－11／25農学部・女性）、「もう少しわかりやすく解説をお願いします」（NC－11／25工学部・男性）、「今日の授業の内容は難しくてよくわかりませんでした」（NC－11／25工学部・男性）などである。そこで「授業の難しさ」や「学生にどこまで理解させるか」が議論のテーマになった。

この原因が授業者の話術や技術の問題ではないことは、学生アンケートの反応から見て取れる。三回実施した学生アンケートで「講師の話し方が不明瞭である」という項目および「講義内容が難解である」という項目に肯定的に反応した度合いをひとつのグラフに入れてみると、明らかに話し方と講義の難易度は連動しておらず、難しくなった原因は講義の技術や話し方などとは別の面にあることがわかる（図11参照）。検討会では「この授業の学生はもともとレベルや関心のきわめて多様な集団であり、先生が得意分野ということでのって話がはずむと、それについてこれる学生の反応はよくなり、授業の雰囲気は一見よくなるが、その一方でついてこれない学生はさらに遠くにおいていかれることになり、学生の理解度に大きな差がつくことになる。授業ののりと学生の理解が正比例しないということの好例だろう」（REF－16杉本）という分析が出された。

またアンケートの結果、この授業を難しいと思っている学生は意外にも理系よりも文系に多いこと、そして講義への総合的な満足度も理系は文系よりも高いことがわかった。これには「メンタルな話題に関しては理系の学生は関心が低いと同時に、授業への要求水準もさほど高くない。授業への満足度というのは、授業への学生の期待に対するその充足度なので、文系の学生の評価が辛いのだろう」（REF－15岡本）という解釈が出された。この「難しい」という反応に対する対応策としては、田中教授は「内容を易しくする、学生とのコミュニケーションを活発にする、板書などのテクニックを工夫する、などが考えられるが、もっと情報量を減らして、日記などの具体的な話を取り入れたほうが話は理解されやすいかもしれない」（REF－16田中）と分析しているが、その一方で、「話題が日常的ではないので『授業にのれない』ということはありうる。しかしそもそも教養レベルの授業は『縁遠い』もので、この授業に限ったことではない。むしろ出席している学生のレベルの差が大きく、（その底辺にある学生には）『自分だけがのれていない』という疎外感が大きいのかもしれない」（REF－17田中）と、学生の多様性に対処をしあぐねている。

「難しい」とは何か。つまり、あるコミュニケーション内容が「難しい」のは、どんな原因によって「難しい」のか。「難しい」とは一種類なのか。それとも様ざまな難しさが有るのか。「難しい」という概念についてのこのような概念分析をしないままで、どうして田中氏と関係者は、こんな検討を続けられるのだろうか。不思議である。概念分析が無ければ、何を実証すべきなのかも見えないはずである。例えば、田中氏の次の文章は、私にはとても難しい。（そして、難しさの責任は、田中氏にある。宇佐美の頭の悪さの責任ではない。）

公開実験授業は、関連する人々のすべてが授業という世界への内属性と超越性を同時に生きる装置である。授業者は、授業の世界に内属しながら、これをあるていど超越する。内属性と超越性を同時に生きることによって、授業という世界へ（たんに取り込まれているだけではなく）主体的に関わり、これを自分から構成することができる。しかし、超越性は、授業中の慌ただしさや忙しさによって、おうおうにして切りつめられがちである。授業者が超越性や反省性を取り戻すためには、自覚的に自分を振り返るように努めたり、受講生や参観者などの他人の目を活用したりするなど、いくつかの手だてを意識的に取らなければならない。これは、まさに公開実験授業が追求してきたことである。同時に、それは、今日しきりに強調されているFDのもっとも基本的な課題でもある。

〔『大学授業のフィールドワーク』一二三ページ〕

なぜ難しいのか。次の原因によってである。

1．「内属性」・「超越性」という語がどんな事実を指し示しているのかが不明である。

2．右の概念は、なぜ、この漢字で表現されているのかが不明である。内属性に対立するものは外属性ではないのか。

3．「関連する人々」における「関連」とは何か。関連と非関連とをどんな基準で判別するのか。一時間中ずっと居眠りあるいは私語していた学生は「関連」していたのか。

4．授業は、なぜ「世界」なのか。世界ではないものは、どんなものか。

5．「同時」であることが、どうしてわかるのか。一〇時五分三〇秒の瞬間に、ぼーっと、ぼんやりしていた。この瞬間に「内属性」と「超越性」を同時に生きていたと、どうしてわかるのか。

6.「あるていど超越する」……超越の「ていど」をどう計るのか。
7.「超越性や反省性」……なぜここで「反省性」という第三の「……性」が何の説明も無く入ってくるのか。
8.「内属と超越の二重性」……前には「同時」と書いてあったではないか。「同時性」なら、まだわかる。同時性と二重性はどう異なるのか。

きりがない。これくらいにしておく。

語句は印刷されているから読める。しかし、それらの語句が担っているはずの概念が不明なのである。例えば、その概念がどんな経験を示すのかが不明なのである。また、その概念と並ぶ他の概念との判別の基準が不明なのである。つまり、他の概念との境界線の引き方が不明なのである。例えば超越性と反省性とは、どう違うのか。反省性ではあっても超越性ではない具体例を示せ。また「世界」と「非世界」の判別の仕方が不明なのである。こんな不透明な言葉での大説は具体的な授業研究にどう役立ったのか。不明である。

学生が「難しい」と言っているのは、なぜか。その分析もしないで、授業研究が出来るはずがない。例えば、次のように「難しい」の推定をするべきである。

1.聞えてくる音声がどんな漢字と対応しているのかわからない。例えば、学生は「ナイゾク」とは「内族」か？と思う。
2.対応する漢字がわかっても、その字が適切な意味を伝える字かどうかがわからない。例えば、先の田中氏の文章における「関連する人々」における「関連」とはどういう意味か。複数の人が相互に関連し合っているのか。集団としての人々が他の何かに関連するのか。「関連」とは、二つ以上のものの何らかのつながりを認識するという観念作用によって見出されることではないのか。「授業に関連する人々」という用法は適切か。「京都大学に関連する人」「大学教授の仕事に関連する人」という用法は適切か。

3．語句の意味の辞書的説明はわかっても、それが他の似た語句とどう違うのかがわからない。例えば、教師が言う「超越」は「無関心」とどう違うのか。

4．語句が、どんな具体例を指し示しているのかがわからない。

私は、一応、教育学の中で「哲学的分析」の仕事をしてきた人間なので、「難しい」について右のように分析・整理できる。

しかし、これを学生にさせるのは無理である。つまり、「『自分にとってこの講義のこの部分が難しいのは何故か。』を論ぜよ。」という課題を出しても答えられない。

だから、学生は「何でも帳」に例えば次のように数語だけの断片的な反応をすることになる。レッテルを貼っただけの形容語ですませることになる。

(1)「目新しくない話をえんえんと話された」

(2)「途中で寝てしまったので話を聞いていないところもあったのだが、ちょっと話が観念ぽくなってしまって、いまいち具体的な実感としてうかんでこなかったのが、率直な感想。青年文化の崩壊というのを自分なりに考えたいけど…。」

そして、これに対する教師田中氏の「コメント」も、同様に、いやそれ以上の程度で、断片的なレッテルである。

(1)に対する「コメント」は「そんなに〈目新しい〉ことを期待しないで下さい。僕は吉本興業の人間ではないから。」だけである。

(2)に対する「コメント」は「君は魚屋で野菜を求めていないですか?」だけである。(以上の「何でも帳」と「コメント」は『大学授業研究の構想』六四ページ)

まことに「どっちもどっち」である。

授業内容の「難しさ」「わからなさ」を学生・教師の両者のコミュニケーションによって分析・解明することは、これでは全く不可能である。(授業内容をわからせることを目指さない授業とは、一体何ごとか。)

右の(1)(2)のような学生・教師の「どっちもどっち」の書きこみを「共同実践的」とか「相互行為」とかの美辞麗句で色づけして形容するのはやめよう。

II

学生の思考状態が現時点でどのようなものであるかは、その授業の過程の中で(「リアルタイム」で)推測すべきものである。この推測によって、教師はどんな指導言(指示・発問)を今使うべきかを考える。

これは、〈講義〉という旧い無自覚な方法では不可能である。各瞬間に学生に対しどんな学習活動をさせるかという教師からの要求が無いからである。学習活動が無いから、頭の中がどんな状態なのかが表れない。わからない。診断が出来ないのだから、治療も出来ない。授業で「難しさ」「わからなさ」にどう対処すべきかが構想できない。田中氏は次のように言う。(『開かれた大学授業をめざして』一一〇―一一一ページ)

> 「何でも帳」の反応には授業者をうならせるほどの深い読みのコメントもあれば、ろくに授業は聞いていないが、聞こえのいい感想を書いてわかったふりをする浅い反応や、もうお手上げというなげやりなコメントもあり、その落差が時間とともに大きくなっていった。例えば「今回も用語がややこしく難しかった。ただM(虐待された児童)の事例を論理的に掘り下げていったところ、特にMの他との相互性が欠けている点について、システムをさらにシステム化する所に興味がもてた」(NC―6／24工学部・男性B)という感想。彼は授業をほとんど聞かず、最後に資料からめぼしいタームを拾い出して、おそらく何の関心もないのに「興味がもてた」などと、取り繕っている。頭の切れる学生なのだろうが、当日の授業では時間がなくて触れられなかった「システム化」の問題にまで感想に入れてしまってボロを出してしまった。

講義などしているから、この「取り繕い」というインチキも生ずるのである。講義が終った後での「何でも帳」での偶発的な敵失でようやく、辛うじてインチキを発見できたのである。

〈講義・「何でも帳」〉という装置の鈍さ・不透明さを検討会は批判すべきである。

〈講義〉で教えたい内容(概念)を具体的にし、細分して(つまり「概念くだき」をして)「問題」化すべきである。その問題を学生に解かせるのである。

先の「第2章 概念分析を教える授業」にそのような授業の実例を示した。

また、拙著『大学授業の病理』(東信堂、二〇〇四年)の「第3章 授業設計の原理」を見ていただきたい。そこにも実例が書かれている。

右の拙著では特に「復誦」(recitation)に注目していただきたい。授業過程の中で時どき今までの学習内容についての発問をするのである。次のようにである。「さっき話した……という原理が当てはまる具体例を考えなさい。」「……という主張に対して有り得る反対論を考えなさい。」「さっきの……という主張の理由を私はいくつ挙げたか。それらの理由の中で最も強い理由はどれか。」

このように様ざまな学習行動を保障する。「全員起立しなさい。わかった者は座っていい。」と指示することも有る。ノートに書かせることも有る。

私は『大学授業の病理』三九―四一ページで次のように書いた。

> 学期の初めや一時間の初めに、今後の見通しや大すじやこの授業の意義などの粗大な抽象論を述べるという悪習は、どこから始まったのだろうか。

それを聞く学生は、まだ何も知っていない。何も具体的・経験的な素材・事例をもらっていないのである。つまり、思考するたねが無いのである。

教師が自分自身の頭を整理するために自分のノートに書いておくのならいい。しかし、それをそのまま学生に向って口頭で述べるのは独善である。学生は、これを聞き流してもいいと思って聞いている。なめているのである。また、何をどう解釈して聞けばいいかわからないのだから、ぼんやりしているしかない。

教師が警戒すべきは、なめられること、ぼんやりされること（たるまれること）である。

私は、前著『大学の授業』に次のように書いた。

> 要するに、その学期の授業を始めるにあたっての前おきは、なるべく少なくする。既に書いたのだが（「はじめに」、viページ）、書物の「はじめに」という部分には、それを書かないとその書物がはじまらないことだけを書くのである。それと同様である。
>
> 最初の時間にこの授業の目的などを語っていると、学生は退屈する。当然である。まだ何も知らない学生にそんな前置きを話してもわからない。わからないからたるみ、退屈する。さらに悪いのは、「こんな前置きは今頭の中に入れなくても、困ることはないだろう、聞き流せばいいのだろう。」と思わせていることである。要するに、前置きをするから、なめられるのである。
>
> 大学の教師諸賢に問う。何も知らぬ未熟な若僧どもが「授業でたるんで、のんびりしていてもいいのだ。」と思っているのは、教師がなめられていることである。緊張し勉強すべきは彼らであって、教師ではない。こんなになめられているのに、がまんできるのか。〔『大学の授業』六〇ページ〕

前述のように、まず具体的教材・具体的課題が全員に与えられている状態から出発するのである。課題に学生が答えを出すまでに、またその後にも、様ざまな発問・指示が小まめに行われる。要所要所では復誦を課し、学習内容を十分に正確・詳細にするように確認し補説する。

だから、教師は、次のようなことを予め考えておくべきである。

どんな資料を、いつ配るか。どの段階で、どんな言葉で発問・指示の言葉（つまり指導言）を発するか。どの発問について全員起立させるか。何について、板書させるか。いつ「机間巡視」するか。ノート指導は何に重点を置くか。

こういう授業設計をするのである。それをすれば、のっぺらぼうの一直線で進行する講義など、教師自身でいやになり、する気が無くなる。教師も学生も緊張し、元気になる。

講義は一直線に教師の予めの独善的論理で、それ以上のふくらみなくやせ細ったままで進む。

それに対し、私のしているような指示・発問の豊富な、復誦によって時間内の復習・補説までする授業は、上下にふくらみ、また行きつもどりつ、多方向的に動きながら進む。（図の上の線は講義である。下の線は私の授業である。下の線は、様ざまな情報を保障し、様ざまな発想を刺激しながら進むのである。）

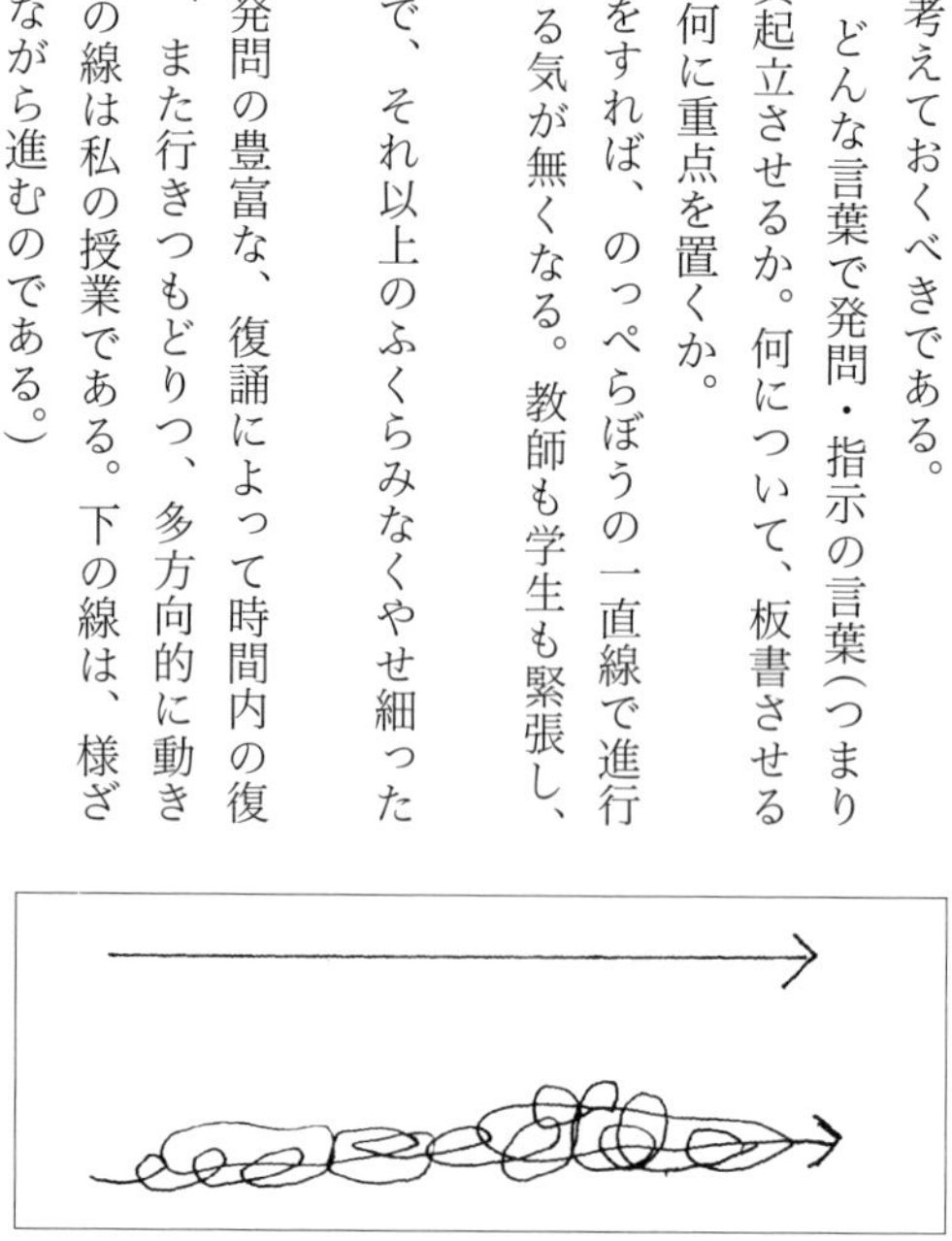

〈講義〉をやめてこのような構造の授業にすれば、田中氏の授業にまつわる問題（望ましからざる事態）は、みな消える。

学生はひんぱんに指示・発問を受けるので、たるんでいるひまが無い。私語・居眠り・あくびは消える。（時どき起立させるので眠り得ない。）

また、口頭で答えさせたり、挙手で意見を表示させたり、板書させたりするから、個々の学生の思考がどのような状態であるかは、わかる。授業の過程の中で（「リアルタイム」で）わかるから、それに応じて授業の方法を修正し得る。

学生の思考状態がわかるから、「何でも帳」という不明確・無責任な道具は廃棄し得る。（次章では「何でも帳」を「無礼な道具」と批判する予定である。）

溝上慎一氏は『大学授業研究の構想』「第2章　学生の理解の枠組みをふまえた授業展開——教授技術論をのり越えるための視点——」で次のように書いている。（同書、五九ページ）

> ある大学の教養科目の社会学の授業（受講学生一五〇名程度）である。三〇〇人程度収容可能な階段教室で授業はおこなわれており、学生はまばらに座っている。後ろの学生の多くは、マンガを読んだり居眠りをしたり、横の友だちとおしゃべりをしている。授業を聴いている学生ももちろんいるが、全体的には聞いていない学生の方が目立つ。ありふれた授業光景である。
>
> 授業者の教授技術に注目してみると、驚くほどしっかりしている。板書の仕方はうまいし、声は大きく響きも良い。秩序立てられた授業構成、プリントによる資料やＯＨＰを用いた美しい図表などか

らは、授業者が相当の準備をして授業にのぞんだことを容易にうかがわせる。何よりも驚くのは、授業者の教える熱心な態度である。授業者からだれた雰囲気など、微塵にも感じられない。しかし、何かしら授業者の教卓と学生の最前列とのあいだの通路が、大きな河に見えてしかたがない。授業者は一生懸命で、準備もよくできている。教授技術の水準も高い。それにもかかわらず、学生にはそれが伝わらない。

私には、この文章はとても難しい。

次のような疑問が生じるからである。

1.「学生はまばらに座っている。」……この授業者は最前列から、無駄に席をあけず座るように学生に指示する教授技術も持っていないのだ。それなのに、なぜ「教授技術の水準も高い」のか。

2.「秩序立てられた授業構成」……学生にどんな学習行動をさせるかという計画・準備を欠いた全く無秩序な授業構成ではないか。だから、マンガを読んだり居眠りをしたり、おしゃべりをしたりするたるみが生じるのだ。

3.「授業者の教える熱心な態度」……マンガ読み、居眠り、私語をそのままにしておくのが、なぜ熱心な態度なのか。「教える」とは、「相手かまわず、相手がどんな状態であっても、教えたい内容を発声する」ということにすぎないのか。

4.「それにもかかわらず、学生にはそれが伝わらない」……傍点を付けた「それ」という代名詞は何を指しているのか。直前の「教授技術の水準も高い。」の中から見つけるしかない。「それ」は「教授技術」か「教授技術の水準」

か。あるいは「教授技術の水準も高い。」か。いずれにしても、授業とは、そんなものを伝えることなのか。

要するに、この授業者の教授技術の水準は、まことに低い。だからこそ、「全体的には、聞いていない学生の方が目立つ」という情ない状態になっているのである。

前述のように〈講義〉という無自覚な旧い型を捨てて工夫すればいいだけのことである。その工夫こそ「教授技術」の工夫ではないか。

〈講義〉という因習にとらわれているから、無理な「難しい」文章が書けてしまうのである。

昭和一八年の夏休み、私は国民学校の三年生だった。宿題で「ハエの研究」をしようと思った。近所の公衆便所（もちろん戦時中、「トイレ」などという敵性語は無かった。）の窓にとまっているハエの種類と数を毎日調べてグラフにした。気温も調べた。

変な「研究」である。汲み取り便所からハエが発生しないようにする研究の方が大枠であるはずである。つまり、ハエを無くするという目的が先に有れば、ハエはいない方がいい。ハエがいなくて、日々のハエの消長など研究対象にするのが困難な状態の方がいいのである。

〈汲み取り便所〉を疑う論理構造であるべきであった。

授業研究の研究も、これと同様である。問題にすべき大枠は〈講義〉である。〈講義〉をそのまま疑わずに前提しておいて「私語」を「研究」するなどは、子どもの頃の私の「ハエの研究」と等しい。講義をやめれば私語を無くすのは容易である。

講義をやめれば、私語のみではなく、授業の様ざまな事柄を考えなおす余地が出来る。例えば、板書である。

私は『大学授業の病理』で次のように書いた。（同書、四六―四八ページ）

安岡高志氏は次のように言う。（『授業を変えれば大学は変わる』三三ページ）

私は自他ともに認める悪筆である。当然、授業評価における板書（黒板）の評価も相当に低い。学生の意見にも「重点のみ板書すべきである」「字をきれいに書いてください」と厳しい指摘が多い。私はこれを「学生が不真面目だ」とか「ふざけている」とは思わない。的を射た指摘であり、なるべく字をきれいに書くように努力している。だが、もし、この授業評価の結果が給料に反映されるとなったら、私は迷わず積極的に「書き方教室」に通うつもりである。これは授業評価を考えるうえでの重大なカギである。

なぜ教師の板書がそんなに要るのか。教師はなるべく板書しない方がいい。前述のように、何事もなるべく学生にさせるのである。教師はのんびりして、学生が緊張して活動しているという状態が理想なのである。

例えば、漢字が思い出せない時、自分で何とか書こうと努めるのは逆である。「みな、〇〇という（音の）字をノートに書きなさい。」と指示する。その後で十名程度の名を呼んで黒板にその字を書かせる。

自分がその字を知っていたとしても、「ああ、としをとると忘れるなあ！」などと、とぼけて言って、右のような手順で学生に書かせる。

他のことでもそうである。教師は知らないふり、出来ないふりをすべきである場合が多い。安岡氏が言う「重点」についても、そうである。授業のその時点までに様ざまな情報が学生に知らされている状態で、何かを〈重点〉として知らせたいのである。この時に何が重点であるかを簡単に教えてしまうのは惜しい。学生に苦労させる機会を失うのは、もったいない。楽をさせ甘やかしてはいけない。せめて、「さあ、今までの話の重点は何か。各自、ノートに書きなさい。」と指示すべきものである。板書などしてはいけない。

板書は、それに要する時間の関係で字数が限られる。自ずから、まとめて短く言い換えた言葉を書くことになる。つまり、もとの具体的な事実の記述からは遠く離れるのである。もとの事実の具体よりもまとめた抽象の方が本質であり価値が有るという間違った思想を板書によって養いつづけているわけである。しかも、教師の方でまとめて字に書いてやるから、それを写せばいいという甘やかしである。さじで食物を口に運んでやるspoon-feedingである。

板書できるくらいの簡単な語句を重要なものだとかん違いし、それを書き写して安心するような、たるんだ頭を作りつづけているわけである。こういうたるんだ頭の学生は、もとの事実を思い出し出来るだけ詳しく話せという復誦を課すると、ぼろが出る。何も記憶も記録もしていないから、答えられない。経験される事実の具体的情報こそが、文科系の、つまり人間に関わる学問の基盤なのだ。「神は細部に宿りたまふ」である。この原理が無視されつづけているわけである。

音声言語で相当な速さで多量に流されている言葉を同時的にノートに書くべきなのである。事実の具体的情報を重視するなら、当然そうなる。板書を写すのではない。

講義をやめれば、板書、ノート、教師の話し方、指示・発問は、あい関連して変わる。

『大学授業研究の構想』「第1章 大学の授業とは何か――改善の系譜――」で山内乾史氏は次のように言う。（同書、四一―四三ページ）

第四は、学生の気質論、文化論であり、特にそれが集約された形で現れるのが私語論である。あるいは授業中の携帯電話による通話、飲食等も含む受講態度の問題と言い換えてもいい。ここには学生の学習意欲やライフスタイルに関する研究も含まれるであろう。

「なに、私語など気になりません。ＢＧＭと割り切ってやっていますよ」という一部の脳天気な教員にとっては、私語は「個人的には」問題はないだろうが、大多数の教員にとっても、また大学教育システム全体にとっても深刻な問題になっている。これが深刻な問題であるというのは、単なる病理論で片づけることはできないものであり、むしろ気質論・文化論的な立場から吟味していく必要があるからである。新堀通也（一九九二）と前述の島田博司（一九九四、一九九七、一九九九）はこの分野の研究の代表的なものである。

ユニバーサル段階の進学者はある意味では気の毒な存在かもしれない。それは、少なからぬ進学者に関して、本人が望んで進学したわけではなく、（みんなが行くからとか、大学ぐらい出ていないと就職できないとかの消極的理由、消去法で）なかば強制されて進学するからである。したがって「目的意識を持て」、「大学で何をやりたいのかはっきりさせろ」と言われても、とまどうばかりである。学際的な看板を掲げた大学・学部が進学希望者を集めるのは、とりあえず入っておけば何でもできそうだという側面もあるのだ。むしろ逆に大学に進学しない方が「なぜ進学しないのか」という目的意識をはっきりさせねばならない時代に入っているのである。この文脈で私語問題を考えず、ひたすら「だまれ」、「うるさい」と怒鳴るだけでは、私語問題の解決は難しいであろう。

ところで、島田のように、授業に関係ないおしゃべりが私語で、授業に関係あるおしゃべりは私語ではないとする見解もある。なるほど、双方向型の授業を志向するのであれば、発言しやすいファミリアルな雰囲気作りは大事なことである。双方向的なコミュニケーションを取り入れた授業をしたいとしながらも、静まりかえって先生の講義を拝聴する講義を夢見るのは矛盾であるかもしれない。授業に関係あるおしゃべりは私語ではないという説には、一定の説得力がある。要は、島田（一九九九）が指摘するとおり、学生の授業に関係あるおしゃべりをも授業秩序を破壊するものとしてのみ捉えるのか、それともそれを新たな授業秩序づくりの出発点として捉え、利用していくのか、この教員の姿勢によって授業は良くもなり、悪くもなるのだとも言えるだろう（二一七頁）。

あるいは、この問題は、学生世代の「公」意識の低下に関連づけて考えることもできる。授業のおこなわれる場面は疑いもなく、公的な領域である。授業という公的な領域では公的な秩序が支配しており、その秩序を維持するのは教員の責務の一つである。しかし、近年学生の「公」意識が低下し、ウォークマンや携帯電話など公的な領域に「私」を持ち込むことを可能にする小道具の発達がそれに輪をかける。ひどい大学では私語どころか飲酒・喫煙・マージャンなどが堂々とおこなわれ、紙ヒコーキが飛び交うらしい。いかに公的な領域といえども、そこにあまりにも多くの「私」が持ち込まれると、教員が維持すべき公的な秩序も相対化され、教員個人の私的な秩序と化す。学生に理解できない授業をする教員の話を、学生が「教員の私語」と捉えるのは、この論理から考えれば、当然の帰結である。一歩間違えば、授業という場は教員、学生めいめいが私語をする場と化すわけである。島田が指摘しているのは、この公と私の再編成をするということなのであろう。それも教員が一方的に境界を引くのではなく、学生とのやりとりの中で境界を求めていこうということなのであろう。

インテリは話をややこしく、もつれさせて困る。非インテリである宇佐美はつくづくそう思う。私語があるのは、私語していてもすむような、たるんだ授業だからである。講義をすれば、当然そうなる。

講義をやめて、内容を細かく分け（「概念分析」をして）、小さいサイクルで当てまくれ。時どき全員起立させて「答えが出来た者は座ってよし。」と指示する。答えは必ずノートに書かせる。それを板書させる。ひんぱんにかわるがわる板書させる。時どき「さっき言った……の具体例三つを言いなさい。」などと復誦を課する。

このような学生に対する要求の強いコミュニケーションを、行動形式の規律で補強する。授業は定刻に始める。座席は最前列からつめさせる。「名前を呼ばれたら返事をする。」と教え、そうさせる。挙手は、ひじを伸ばし、まっすぐ高く挙げさせる。（曲がっているひじは指示棒でたたいてまわる。）授業の始めと終りには起立させておじぎさせる。

講義をしないのだから、机間巡視が容易になる。課題を出し、見まわって、ノートの指導をする。

講義をやめて、こういう構造の授業をすれば、私語は無くなる。〈講義〉という因習をそのままにして私語の研究をするのは、ぬかるみ道を舗装しないで下駄の歯の高さの研究をしているようなものである。こっけいである。矮小である。

多くの大学教員が〈講義〉という因習から逃れられないのは、自分が教えたい内容がわかっていないからだろう。自分では（自分のためには）わかっている（と思っている）のだろうが、自分とは著しく異質な学生の頭にわからせるには、どうしたらいいかは、わかっていない。学生とのコミュニケーションに乗るようにどう細分・翻訳すべきかはわかっていない。つまり、それがわかるほどには、自分の研究内容が十分に消化できていないのである。

本書「第2章　概念分析を教える授業」で示したように、教えたい概念を様ざまな仕方でころがし、いじめて、変形させ、使ってみる……といった操作をしなければならない。いや、学生にその操作をさせなければならない。例えば、次のような操作である。例を挙げる、例文を作る、反対例を考える、近似の概念と比較する……といった操作である。

このような概念分析を通過させないで未消化のまま自分の専門的研究内容を発声するから、私語だらけの講義になるのである。

右の私の主張を批判したい人は、拙著『大学の授業』二一二ページをまず読んでからにしてもらいたい。そこには次のように書かれている。

> 批判したい人は、自分の授業の事実に基づいて発言すべきである。私語、いねむり、あくび、ほおづえを無くすことが出来ていない授業をしているのなら、批判の資格は無い。

特に教育学の授業で私語を無くすことも出来ないというのは、マンガであろう。教育学とは何をする学問なのか。

私は大学で約四十年間教えてきたが、私語に悩まされたことなど無い。前述のように、私語が出来るようなたるんだ授業はしないからである。原則として五分以上も話しつづける〈講義〉はしないからである。

私の授業を見てくださるのもいい。私の現住所は「著者紹介」の末尾（一九一ページ）に書かれている。事前に御連絡いただきたい。

私語は「大多数の教員にとっても、また大学教育システム全体にとっても深刻な問題」だとのことである。笑うべきことである。インテリは、事実を細かく見ようとしない。具体的技術を考えない。やたら、問題を大きくし「深刻」と見なす。思考停止しているから、問題が深刻になるのである。

私語はせいぜい〈講義〉システムで発生するハエである。授業のシステムを〈講義〉ではなく、〈発問・指示・復誦〉のシステムに代えればいいのである。汲み取り便所を水洗に変えれば劇的にハエはいなくなる。それだけのことである。（ただし、「大小便を肥料として使うべきだ。」という論点は、十分に考慮に値するが、この本ではもちろん関係性が無い。避けて通ることにする。）

学生文化論（「気質」は意味不明だが）や「公」意識の低下の問題は、重要である。

しかし、（くり返し言うのだが、）〈私語〉の現象をそういう一般的問題と絡めて、大げさに考えてはいけない。そのように大げさに考え、深い意味を見出そうとするから、たかが私語を無くすことも出来ないのである。逆に言えば、自分の授業での私語を無くすことも出来ない教員ならば、学生文化論など論じる資格も無いのである。目の前の学生に対しての適切なコミュニケーションの仕方もわかっていないのだから、学生文化がわかっていないのである。また、自分の専門の教育内容の「概念分析」さえ出来ない粗大な言葉使いなのだから、学生文化論を具体的に述べるための言葉の用意も無いだろう。

「授業に関係あるおしゃべりは私語ではないとする見解」……教師の全員に対する発言は重い。注意深く聞かれるべきものである。指名されてもいない学生がしゃべっている。それでも教師の発言が聞ける。……教師は、そんな無内容な話をしていたのだ！

私は、そんな無内容な話はしない。もし、私が話している間に、私語している学生がいたら（私語の内容は問題ではない）、私はその学生を指し、緊急・臨時の復誦を課する。つまり、「今、私が何と言いつつあったか、そのとおりに言ってごらん。」とか「なぜ（何を意図して）私はそれを言いつつあったのか。」「次には何を話すと予想するか。」などと指示・発問する。その学生は答えられない。

ときに私は次の趣旨を言う。「私は専門家である教師として、自分の言葉に責任と誇りを持っているのだ。私の言葉をなめるな。」

私ではなく、私が指名した学生の発言中でも同じことである。他の学生の発言中に私語してはならない。私語の内容は、全く問題外である。ひとが話している時は、黙って聞くべきである。当り前ではないか。

「島田が指摘しているのは、この公と私の再編成をするということなのであろう。それも教員が一方的に境界を引くのではなく、学生とのやりとりの中で境界を求めていこうということなのであろう。」……奇妙な日本語である。「指摘」については、前にも述べた（八ページ）。「指摘」とは「具体的に取り出して示すこと」（『新明解国語辞典第五版』）なのである。「……なのであろう。」などと推測して解釈しなければならないような示し方は「指摘」ではない。「島田が暗示しているのは……ということなのであろう。」という文ならば良い。

とにかく、山内氏は〈私語〉について論じていたのである。

インテリは話をややこしくして困る。私語は非行である。私語しないで授業に関わっている者は（教師も含めて）迷惑である。……教師が一方的にそう決めればいい。当然である。授業における正常・公正な秩序を維持するのは教師の責任である。

〈私語〉についてここまで述べてきたことは、私は既に拙著『大学の授業』で詳しく書いたのである。それなのに、右の山内氏の文章においては、宇佐美の「私語」論について言及さえ無い。なぜ無視したのか。

やはり、氏の読み書き能力の低さゆえに読めなかったのだろうと思うことにする。

第7章　授業思想

1

先に『何でも帳』を『無礼な道具』と批判する予定である。」と予告した（一一五ページ）。

読者諸賢には、「何でも帳」がなぜ「無礼」なのかわかっただろうか。

溝上氏の「何でも帳」についての記述は、既に引用した（一〇一－一〇二ページ）。その部分に次のように書かれている。

「学生たちは授業の終了間際に、その日の授業を通して考えたこと、疑問に思ったことを何でも帳に5～6行くらいの分量で自由に書き込むことが求められ、」

もし、私の授業で、学生がこの何でも帳のような文書を自発的に提出したとしたら、私は受けとらない。拒む。

そして、次の趣旨を言う。

「私の授業の教科書は私の著書だ。（四十年ほどそうしている。『道徳教育』という科目の場合、最近は『「道徳」授業に何が出来るか』明治図書、であり、『日本語表現法』や『国語作文法』の場合は、『論理的思考』メヂカルフレンド社、あるいは『作文の論理』東信堂、である。）私自身の著書だから、念を入れて一字一句、最大限の努力で吟味してある。正確・緻密な文章になっているつもりだ。このような教科書の筆者である私は、授業終了間際の短時間で印象を大づかみに書いた粗雑な文章など読みたくない。侮辱されたような気がする。」

また、授業過程についても同様である。学生の目には私が気楽にのんびり授業していると見えるかもしれない。しかし、私はどういう言葉を発するか（どんな指示・発問をどの段階でするか）まで事前に計画している。この授業過程の計画性に対して「何でも帳」の粗雑さは、まさに対照的である。何でも帳の断片的印象で入念に計画された授業にレッテルを貼るのは、無礼である。田中氏にはこのような誇りが無いのだろうか。

まじめな気配りがきいた言葉で考え深く語る人に対しては、自ずから落ちついて言葉を選んで話したくなる。急いだ軽率な話し方は失礼であり、したくない。それが正常な人間関係の感覚である。

授業終了間際の「何でも帳」という方法は、この正常な人間関係をこわせと教えているわけである。教師は意識も、また、主張もしていないのであるが、潜在的には、そう教えていることになる。悪しき「かくれたカリキュラム」(a hidden curriculum) である。

自分の考えを書かせるならば、少なくとも来週まで一週間の時間を与えるべきである。

私の「道徳教育」の授業におけるリポートの書かせ方を見ていただきたい。（『大学の授業』「第7章　リポートを課す」）「縦書四百字原稿用紙一枚」という指示もされている。さらに、（特に初めのうちは）提出されたリポートの多くは書き直しさせ、再提出させる。（もちろん、もっと後の回でも、不十分な出来ならば、何回でも書き直しさせる。）

書き直しについては、私は次のように述べた。(『大学の授業』一〇一ページ)

左のような横約九センチ、縦約一八センチの紙片(私は自分では「批正スリップ」と呼んでいる)をホッチキスでとめ該当項目に○を書いて返すのである。

独善的な読みにくい書き癖の字を、子どもに教えるさいの字に書き改め、次回に提出せよ。
(上手下手とは関係がない。子どもに読ませる、癖のない読みやすい字で。)
敬体・常体の混乱
誤字・脱字・あて字
不適切な語句・記号
悪文
引用
題
構想・主題
所属・番号・氏名・回数
を正し、次回に提出せよ。

学期の初めの頃のリポート指導では、特に注目し入念に指導するのは、既に強調した次の二点である。
一、適切・正確な引用をし、その引用を論証に生かす。(原文どおりをそのまま書き写すということが、多くの学生には出来ない。そのとおり書き写したつもりでも、脱字、別字が生じている。)
二、一文(センテンス)をなるべく一文一義で、しかも短く書く。(「批正スリップ」の「悪文」の項は、主としてこの原則にはずれている文を示すために使われる。)

教科書は宇佐美寛『「道徳」授業に何が出来るか』(明治図書、一九八九年)である。この本を六つに区分する。一つの部分は多くても四十ページ程度である。

私は学生に次の趣旨を話した。(『大学の授業』六一ページ)

> このリポートは、B5判四百字づめ原稿用紙縦書きであり、一枚である。一枚である理由は、君たちには、まだ二枚以上書く力が無いからである。二枚以上書くと、目が届かず荒れた粗雑な文章になる。一枚という長さの範囲でよく目を光らせ考えた文章を書いてもらいたい。
>
> このリポートには、何を書くのか。それぞれのセクションの内容についての自分の意見である。「意見」は、教科書の内容に対して、肯定的なものも、否定的なものもあるだろう。肯定・否定以前の疑問もあるだろう。
>
> この授業では、学問をする。そして学問において自由は不可欠であり、守られるべきである。だから、どんな意見を書こうと自由である。意見の方向によって私の評価が左右されることは無い。しかし、意見は論理的でなければならない。「論理的」とは何かを今日ここで講義してもしようがない。来週以降、君たちが書いた文章に即して具体的に「論理的」の中身を明らかにする。とにかく、評価の主たる基準は「論理的」である。

先に示した「批正スリップ」でもわかるように、私は学生のリポートにおける〈引用〉を重視する。

「他者の意見について何か言うさいに、証拠を出さずに、自分の印象で言うとは、何たる無法か。」と私は教える。

また、他者の行動に文句をつける時も同じである。行動の事実を具体的に言わねば無責任である。
特に自覚して引用や事実の報告をするべきである。意見は、この原理によって書かれるべきものである。学生が私の授業について、この原理を無視して何かを書くということを、私は許さない。
ところが、「何でも帳」という方法は、この原理への配慮が全く欠けている。

II

さらに、「何でも」が問題である。五、六行を終了する間際に(当然、引用はせずに)、しかも「何でも」だと示唆して書かせる……粗雑な印象批評になる。未消化な思いつきになる。

大学のインテリは、自由な思考を尊重する自由人である。思考が自由であるとは、限定が無く、範囲が拡がることである。そう考えるから、自ずから「何でも」考えていいと言うことになる。

しかし、授業で本当に「何でも」の広さ、拡散性に対応すべきなのか。それを求めるべきなのか。「授業を通して考えたこと」くらいの漠然たる指示では、学生の思考は無責任に拡散する。教師のどの言葉であっても、それをきっかけとして何かを考える。どう関係が有るのかは自覚できないが、とにかく疑問を頭に浮かべることは容易である。……こういう「きっかけ思考」がはびこる。

学生の意識に「自由」だけが働いていると、学生は次のようなリポートを書くことになる。(『大学の授業』七八―七

九ページ）

「へりくつ」

私の目から見て、先生の意見は一方向に偏った目でしか見れない、いわば典型的な頭の堅い大人のものであるように思われる。

というのは、先生は人間のちょっとした、一回だけの行動でその人間の性格を自分の中で決めつけ、そしてその人間のすべてを見切ったかのように勘違いしている。これは、たった一回のテストの結果で生徒をランクづけし、偏見の目でしか生徒を見れない「生徒をダメにする教師」と同じである。私たちは「人間が内に秘めている可能性はたった一回の行動でははかりしれない。」ということを肝に命じておかなければならない。だから「道徳」授業を行う際、資料に出てくる人物のその瞬間の心情を読みとるべきであって、人格そのものを判断するのはやりすぎである。

結局、先生が本の中で書いていることは、テレビを見ながら番組でやっていることに対していちいち文句を言っているオヤジたちの「へりくつ」同様なのである。

この文章の醜悪さはあわれである。

この文章について私が学生に何を教えたかは、『大学の授業』を読んでいただきたい。

もちろん、初期の段階のリポートでも、これよりはまじめなものも有る。例えば、「サルにも道徳はあるのか。」

とか「民族、国民により、道徳的に高い低いの差があるのか。なぜ、そのような差が生ずるのか。」とかを書いているものも有る。

しかし、授業でそのような逸脱的発想に応答してはならない。課題が「教科書○○ページから××ページまでの範囲で意見を述べる。」なのである。しかも、前記のように、正確な引用をして書くのである。

このような逸脱した「自由な」発想に対しては、次のいずれかの対応をする。

(1)　黙殺して何もしない。

(2)　「課題の枠に対しては逸脱なのだから、教師としては答えない。」という趣旨を授業で言う。

(3)　授業で「この逸脱した発想は面白い。授業の範囲ではないから扱わないが、本を読むといい。」と言って、本を紹介する。

(1)—(3)のどれにするかは、発想の内容、どんな学生が書いたか、他の学生にどう影響させるか等を考えて決める。

『人間』とその形成・生成について深く考える」（九四ページ）などというスローガンは授業の目標にはなり得ない。

授業とは、まだ知識を得ていない学生に知識を得させる営みである。何かを知らしめるのである。

広く深く自由に考えさせようなどと努めてはならない。知らしめればいいのである。

右の言い方では、おそらく少なからぬ読者は誤解するだろう。「知識のつめ込みでいいのか！」「学生が広く深く自由に考えるのは、高度一般教育の目指すべきものだ！」などという抗議が聞こえるような気がする。

「広く深く自由に考える」のが良い望ましい状態であるのは当然である。しかし、それは願望であり、教師の胸の中に存在すればいいだけのものである。授業で実際に何をすればいいのかは、この願望では不明なのである。「目標」として掲げるべきものではない。

考えさせようと力んではいけない。「考えよ。」と号令をかけたからといって考えるようにならない。〈健康〉はもちろん望ましいものである。だからといって、「健康になれ。」と指示されても困る。何をどうすればいいのかが不明なのである。運動・休息・睡眠・摂食・医療……様ざまな心身への働きかけによって健康になるのである。

〈健康〉は理念である。それ自体は方法ではないから、そのままでは何の実践にも結びつかない。〈考える〉も同様である。理念である。考えさせるにはどうしたらいいのか。

右に「心身への働きかけ」と書いた。それに相当するものは知識である。何かを知るからこそ考えるのである。私は学生にしばしば言う。「考えるな、見よ。」「よく知りもしないで考えるな。」具体的に知るからこそ自ずから考えるのである。「知識のつめ込み」などと言われる場合には、その知識が粗雑なのである。抽象的な名札が付いているだけで具体的な中身は欠けている「知識」である。概念分析などしようもない無内容な「知識」にすぎないのである。

「考えさせる」という理念は「知らしめる」という形式で現われるのである。

「道徳教育」の授業で、私は学生に対して「考えさせる」という目標など口にしたことが無い。「この科目では、宇佐美の『道徳』授業についての主張を知らせる（知らしめる）。」という趣旨を言うだけである。

つけ加えるとしたら、次のことである。教科書『「道徳」授業に何が出来るか』は、そのように知らしめるために書かれている本である。この本の言うことを正確・詳細に知るためには、読み書きの方法の定型を学ばねばならない。

「宇佐美の主張を知るのがこの科目の目標だ。」というのでは、目標が偏り小さすぎるように思われるかもしれない。「それでは宇佐美の立場のみを押しつけることになる。」という批判が有るかもしれない。

「道徳」授業の多様な事実が具体的に述べられているからこそ、宇佐美の主張は説得力が有るのである。また、明確な主張であるからこそ他の異なる立場との対立も見えやすい。だから、宇佐美の主張を疑う思考の余裕をも与えているのである。

要するに、私の授業・教科書は、一、事実を具体的に与えている、二、その条件の上で主張が明確であるという二条件を充たしているのである。「考える」という語を教師が表面にうたわなくても、学生は考える。

知識が考えさせるのである。

文字どおり自由に考えるなどということは不可能である。考えるためには、考える方法の型が要る。例えば、右に論じたように事実を具体的に引用によって示すという型である。

『大学の授業』で私は次のように書いた。（八三—八四ページ）

「例えば、引用を次のように使う。」と言って、私は次のような型を教える。（宇佐美寛『作文の論理』東信堂、一九九八年、三六ページ、…この本は「課題図書」であり全員が読むはずである。）

〇〇氏は言う。

「〔言ったことを引用する〕」

……か。〔疑問文による問題提起〕

……である。〔問題に対する答え〕

その理由は次の三点である。〔答えの理由〕

一、……

二、……

三、……

私は、次の趣旨を言う。

まず材料（データ）となる事実を示す。

次にこの事実についての問題提起がなされる。

事実を解釈して、この問題に対する答えを出す。
この答えの理由を示す。
このような部分(要素)は、どんな論文でも本質的で不可欠だ。(しかし、扱う事柄により、論文の長さにより、これらの部分をどう配列するかという順序は変り得る。)

自由に考えるためには不自由・不自然な型に頼るべきなのである。これは授業のみではない。人間の思考・コミュニケーション全体を貫く原理である。(大きく言えば、言葉という不自然な型に従わなければ、いかなる思考・コミュニケーションも成り立たないのである。)

「付録」として収めた「学部長意見書」で〈会議〉についての私の主張を見ていただきたい。発言内容の範囲、発言の形式を規制し一定の枠におさめなければならない。自由に言いたいことを言いたい形式で発言していたら、会議は(そして民主主義も)成り立たないのである。「自由」は恣意(好き勝手)・独善に堕する。それが「学部長意見書」で具体的に書かれている。

III

授業とは何事かを知らしめる営みである。絵の美しさに感動するのは、感動をもたらすような絵の特徴を知ったがゆえである。つまり、その知識を得たのである。鉄棒の逆上がりが出来るようになるのは、体と鉄棒との角度・距離と力の入れ方の関係を体において知ったからである。つまり、その知識を得たのである。

だから、授業の目標は、「何を知らしめるのか。」（「どんな知識を与えるのか。」）の形で述べられるべきものである。既製の蓄積された情報構造を組み変えさせる異質性が強い（つまり「関連性」「意義性」relevance の強い）情報を知らしめればいい。それが思考を刺激する。

どう考え、どんな結論を考えるかは、学生個人の自由である。授業では知識を与えればいい。刺激的な（考えたくなるような）知識を与えればいい。

生産的な具体例である範例の知識は特に貴重である。授業の「目標」は、「どんな範例を与えるのか。」を含むべきである。

「範例」について、私は次のように書いた。（『大学授業の病理』一〇九ページ）

> 目を低くして具体例を挙げるべきである。前述のように大説ではなく小説によって考えるのである。一見小さい例を入念に多面的に分析すると、大きい意味が有る理論が見えてくる。
>
> このような生産的な具体例が教育学で言う「範例」である。（「範例」……原語は一九五〇年代の西独教育界での **Exempel** あるいは **Paradigma** であった。それぞれ英語の **example, paradigm** と対応する語である。）

「授業では何を知らしめるべきか。」田中氏の「公開実験授業」に対して、私はそう問う。

ところが、前記（一〇〇ページ）の授業案に見られるように、そこまで問いつめて自覚されてはいないようである。知らしめるべきことを示したものが「目標」である。そして、実験授業であるのだから、この目標は実現可能な状態を示す仮説でもあるはずである。つまり、知らしめるべきことを学生が知った状態になれば、目標は達成され、仮説は検証されたわけである。

田中氏の授業案には、このような（知識・目標・仮説の）構造の意識が見られない。だから、何を検証する「実験授業」だったのかも不明である。

学生に何を知らしめるべきか。田中氏の授業では、それが不明なのである。

授業では、学生に次のことは知らしめるべきである。

1. 授業は定められている時刻に始められるべきである。定刻を守らないと、他のルールもみな疑わしくなる。
2. 授業開始前に机上の整備をすませておくべきである。筆記用具、ノート、教科書等を出しておくべきである。開始直後に重要な情報が与えられる可能性が有る。また、開始後に音を立てて道具を出しているのは、まわりの学生に迷惑である。
3. 座席は最前列から座るべきである。教師の教えに期待するという気持ちを教師の近くに寄るという態度で示すのが礼儀である。
4. 初めと終りのおじぎは、全員がきちんとするべきである。（私は、全員起立させていた。）
5. 挙手はひじを伸ばして、手を顔より高く上げるべきである。

6. 名前を呼ばれたらはっきりと返事をするべきである。
7. 口頭での発言は「……です、ます。」の語尾までを明瞭に発声する。
8. 時どき教師の指示に従って起立して考えると、体が緊張しているので刺激が有り、思考しやすい。
9. 具体例や面白い事実をこそノートすべきである。相当な速度でノートをとることになる。「鉛筆の先から摩擦熱で煙が出る速さだ。」(『大学の授業』三九ページ)
10. 右のようにノートするならば、忙しくて頬杖などついていられるはずがない。
11. あくび、居眠り、私語等は、何よりも教師に対し無礼である。非行である。

他にも多く有る。右の一一項目を含めていずれも著書『大学の授業』『大学授業の病理』に書いたので見ていただきたい。

右に、身体のあり方において知ることを挙げたわけである。これらの知識は、いわゆる学科内容の知識とは別の、外側の知識なのではない。学科内容の知識と絡み合い一体なのである。例えば、口頭での発言を一文ずつ大きい声で明瞭にするからこそ、思考における命題という単位を意識できるようになるのである。

私は『大学授業の病理』二〇ページに次のように書いた。

> ここまでに、身体のあり方を列記してきた。まっすぐに高く挙手する、起立する、大きい声を出す、荷物を運ぶ、黒板を消す、机の上に必要物を出し整理しておく、……いずれも身体の使い方の問題であ

る。

学生という人間を全体的・総合的に見ないから、〈身体〉は見えない。ただ講義を聞くという「頭」だけの観念的あり方でしか見ないから、平然と連続講演風の講義が続けられるのである。

教育学屋である読者は、学生の頃、「生活が陶冶（教育）する。」（Das Leben bildet.）という標語を習ったであろう。授業も生活である。生活とは身体を使うものである。

もう一つ身体による行為の例を挙げる。

学生が提出する作文において、引用符は急いで乱暴に書くため、鳥のくちばしのような形（フ）になっている。

私は指示する。

「引用符は今後、定規を使って書きなさい。見ばえが良いからではない。（もちろん見ばえも良くはなるが。）心が落ちつくからだ。入念に引用符を書けば、意識が集中し、引用文の写しまちがいが無くなる。」

小学校の算数で等号（「イコール」符号）を定規で引かせるのもこれと同じ目的であろう。体と心とはあい即しているのである。


ところが、田中氏の授業を観察し分析する立場では、次のように書かれている。（『開かれた大学授業をめざして』七二ページ「第4章　学生の背中から学ぶ――京都大学実験講義観察記のためのデッサン」米谷淳）

五月二〇日、三回目の授業観察の時には、「居眠り」「机にうつぶせ」「隣と私語」「よそ見」「ほおづえ」「髪いじり」「貧乏揺すり（足揺らし）」の七つの項目をチェックした。なお、三回目には授業終了直前に「あくび」「みみかき」が観察された。

教師である田中氏が、特に居眠り、ほおづえ、あくびなどの無礼をそのまま放置し、何の対処もしない。これは授業ではない。単なる連続講演である。

このような無礼・非行の件数を数える観察などというものは、既に述べたように（一一七ページ）、私が子どもの頃、公衆便所のハエの数を日々調べた「研究」と同類である。

まず「公衆衛生のためにハエの発生を防ぐべきだ。」という価値観が有れば、あのような「研究」にはならなかった。あれは価値観を欠いた、調査のための調査に過ぎなかった。

授業は自然現象ではない。価値観につき動かされた実践である。価値観が有るから目標が出来、仮説が出来る。右のような無礼・非行は、やめさせるべきものである。ところが、米谷氏は次のように言う。（同右書、七五―七六ページ）

やはり、居眠りはあくびとともに退屈の象徴であり、噺家を殺す武器と喩えられるように、教壇に立つ者にとっては、学生の「私は今疲れていて眠りたいだけなのです」という体調に関するメッセージとしてではなく、「おまえの話は面白くない」あるいは「おまえの話はつまらない（聴く価値がない）」という拒否のメッセージとして受けとめられるし、また、謙虚にそう受けとめるべきものであろう。居眠りをさせないために、居眠りをみつけては注意するのも見苦しいし、いたちごっことなるだけである。こういう意味では、居眠りやねそべりは、学生の授業に対するネガティブな反応としてチェックできる有効な指標となる。

教師が自分に対する無礼をここまで甘やかさざるを得ないのは、「講義」と「授業」の区別もついていない無自覚ゆえである。（この米谷氏の文章でも「講義」と「授業」はごっちゃに分別無く使われている。タイトルにも「実験講義」などという珍しい語が出てくる。前提の理論が不分明・不明確なままで、どういう実験が出来るのだろうか。）

講義をするから居眠りされるのである。小課題を出しまくり、復誦を課し、時々「全員起立。立ったまま答をノートに書け。」と指示すればいい。居眠りもあくびもしている余裕が無い。

右の私の主張を批判するなら、自分の授業から私語、あくび、いねむり等の非行を無くしてからにしてもらいたい。

Ⅳ

「価値観」は、この場合、「学生をどう見るか。」である。もっと率直に書けば、「しゃくにさわる。黙って見ていられない。何とかしてやりたい。」という怒りの実感である。

田中氏は、あの授業をするにあたって、どんな怒りを持っていたのか。学生が今の状態のままでいいのだったら、何も授業をする必要は無い。いや、教育をする必要も無いのである。

田中氏の怒りは、どこにも書かれていない。

だから、講義という因習になり、学生はたるむ。分析は「ハエの研究」になる。


私の場合、次のような実感を持つ。（実感というものは、言葉で十分に整理するのが困難である。箇条に分けて書くが、互いに別々で無関係だというわけではない。もちろん順不同である。）

1．学生はろくに本を読んでいない。しかも、自分が読んでいないという自覚も反省も無い。（大学の授業などは、時間も限られていて、たかが知れている。授業で知らしめ得ることは、わずかである。だから、多くのことは読書で知るべきである。読書を課する。学生を読書好きに変え得た授業は良い授業である。読書好きにならない授業は駄目な授業である。田中氏の授業によって学生は読書好きになったのだろうか。）

2．学生は明快に、分節的に、すじ道たてて話をすることが出来ない。だらだらと「……でー、……してー、……になって……」と文（センテンス）を切らずに続ける。（授業で、せいぜいひんぱんに発言させる。「そこでマル〔句点〕をつけろ。」などと指導する。）

3．学生は、たるんでいて規律を守らない。遅刻する、遅れて入室したのに、だらだらと部屋の後の隅まで歩く。遅れて来たのに、教師におじぎもしないで座る。
4. 目上である教師に対して敬語も使えない。
5. 今まで作文の教育をろくに受けていないから、リポートを書かせても、すじはでたらめである。論理的構造は欠如している。

とにかく、こういう怒りが有るからこそ、授業の内容を考え得るのである。

V

一応まじめ、まともな教師ならば、上述のように、学生についてある考え（観念）を持っている。また、授業を通じて教えたいことの考え（観念）を持っている。授業を通じて、学生がどのようなおとなになるべきなのかの考え（観念）を持っている。（かつて私の学生であった四十歳代の小学校教師に、このように話したところ、異論を言われた。「何も考えず、惰性的に日を送っている教師、ろくに本を読まず、教育的関心も志も情熱もゼロの教師も少なからずいる。」との趣旨だった。そういう教師は何の参考にもならない。まねてはいけない。ここでは無視する。）

授業研究は、ここから出発すべきなのである。つまり、現にいるこれらの学生にとって授業とは何なのか、教師である自分は何がしたいのかの考えをだれでも持っている。

そのような考えは、あまり自覚的ではないこともある。その場合、自分でも明確な言葉で表現できないのである。

しかし、教師にとって、自分はどう考えているのかが基盤である。より所である。ずっとその後も、そのような自分自身の考えが授業のあり方を規定する。素朴であり不明確であっても、とにかく自分の考えである。

私はそのような考えを「授業思想」と呼ぶ。

『大学授業の病理』一九六―一九七ページで私は「授業思想」を次のように述べた。

授業をする教師にとって最も必要なものは、〈思い〉あるいは〈イメージ〉〈実感〉などと呼び得るような頭の状態、基本的な考え方である。私自身の場合、その中身をここで文字化すれば、次のような心理状態だということになる。

一、なぜ、わざわざ教えなければならないのか。自分で学習する方が学生本人にとって幸福なのである。

二、学校で教え得る可能性は、時間的にもきわめて限られている。学校以外で自力で学ぶための問題意識を持つのを助け得れば「御の字」と思うべきだ。

三、読み書きの能力をつけるべきである。それを欠いては、右の「自力で学ぶ」は不可能である。

四、学生がのんびりして、たるんでいる状態は不可である。問題意識は作り得ない。また、教師がなめられることになる。教師をなめていたのでは、その言をまじめに考慮する気にはならない。

五、どぎもを抜くべきである。学生の予想を越えた刺激を与え、自分の限界に気づかせよ。

六、教師がすることを代りに学生にさせる可能性は無いかといつも考えるべきである。学生に教えさせる機会を見出し、なるべく教えさせる。教師の身にならせるのである。

右の一—六は、便宜上、六項に分けて書いたのである。実はあい関連した一つの構造である。このような構造の意識がまず根底に有る。

これを私の〈授業思想〉と称してもいい。

もちろん、これとは異なる〈授業思想〉を持つ人もいるであろう。それもいい。

とにかく、教師には何らかの〈授業思想〉が必要なのである。自分の本音である考え方である。それが無ければ、教師としての自分が無いのである。思想を持った自分が無ければ、力が出ない。

各人は自分の授業思想を基準として授業方法を評価・選択・修正する。当然である。（例えば、私は自分で授業をしていても、他者の授業を見ていても、「ここは学生自身に教えさせられないか。」と考える。）そうすべきものである。授業思想が無ければ、「授業したい。」という強い気持は持ち得ない。したがって、授業における瞬時の決断は出来ない。

授業思想は授業の心理学よりも深い根底の層において働いている。

だから、授業思想の層までを私の前著『大学の授業』や本書のように顕わに表現するべきである。教師間の差違や対立はまずこのような思想の層において有るのだという事実を顕わに見せるべきなのである。

そうなのである。開かれた研究授業においては、授業者は、まずこのような自分自身の授業思想を表現するべきである。特に他の共同研究者に自分の授業思想を知らしめるべきである。「開かれた」ということの本質は、本音の授業思想を他の人に開き示すことである。

付録

一九九三年―一九九七年の四年間、選ばれて千葉大学教育学部長を務めた。

学部長として学部教員に話したい考えはいろいろ有る。しかし、全員に話す機会はなかなか無い。教授会は個々の議題を議して学部としての意思決定をする会議である。その議題に即した具体的議論をするべきであり、学部長の基本的・包括的な思想など話している余裕は無い。それに、何しろ学部長が議長を務める教授会の議事は二時間以内で終らせるというのが私の公約だったのである。（教授会は原則として月一回である。）

そこで自分の意見を「学部長意見書」という文書にして全員に配った。四年間で二十篇ほど書いた。

その中の三篇をこの「付録」に収める。

なぜ収めたか。理由は既に本文の三箇所で（二三、九一、一三七ページ）書いたので、もう繰り返さない。

なお、この三篇の原文はいずれも横書きであったが、本書への収録にあたって縦書きに改めた。批判されている人物の氏名は武士の情で伏せてやった。
縦書きにしたので算用数字を原則として漢数字に改めた。

付録1

〔文中の「〇〇氏」の所は、全員に配布した原文ではもちろん実名が入っていた。この本に「付録」として収めるにあたって氏名を伏せたのである。武士の情である。〕

平成七年一一月二八日

教育学部長　宇佐美　寛

教授会構成員　各位

会議における正常な言論のあり方について
――「教員採用試験模試」問題を例として――

（学部長意見書）

一一月教授会で、○○○○氏は標記の模試に反対しましたが、氏の動議に同調する人は無く、動議は否決され、模試は来年度も行うことが決定されました。

教授会議事の形式としては、これで万全です。教授会とは、ある提案についてイエスかノーかを決める場なのですから、○○提案に対する「ノー」を決めれば、議事としては完結です。もう会議の場で述べることは無いはずです。

それでいいのですが、あの議事に関しては、学部長として考えがあります。みなさんにお考えいただきたい問題点がいろいろあります。学部の将来にも関わる原理的な問題点です。つまり学部における責任ある意見表明のあり方の問題です。

しかし、議長としては、能率的かつ論理的な議事整理をするので手いっぱいです。学部長としての原理的考察を述べる余裕はありませんでした。(何しろ「教授会は、二時間以内で終らせる。」というのが、私の学部長就任当初の公約なのです。)

だから、ここでゆっくりと私の考えを申し述べます。もちろん私の考えに反対の人にも言論の自由があり、私はそれを尊重します。庶務係に文書をお出しください。全員のメイルボックスに入れます。

―

あの模試を今年度行うことは、すでに昨年度中の教授会で就職委員長から話され認められていたのです。先日の教授会は、それを引き続き行うというだけの話だったのです。だから、議題でなく報告事項にすぎなかったのです。したがって当然の疑問が生じます。

○○氏は、なぜ昨年の時点で反対しなかったのでしょうか。また、なぜ昨年は反対しなかったということの責任を感じ言い訳することさえせず、今年反対できるのでしょうか。

答えは簡単です。多分、教授会を欠席していたからです。「多分」というのは根拠があります。○○氏の昨年度の出席状況がひどく悪いからです。

四・一欠、四・一四出、五・一二欠、六・二出、六・九欠、七・一四欠、七・二八欠、九・一四出、一〇・二〇欠、一一・一〇欠、一二・八欠、一・一二出 ……といったぐあいです。

出席した場合の遅刻早退については、議事録には記されていませんが、見ていればわかるように、氏の場合、相当なものです。

したがって、もう一つの不思議を感じます。こんなに欠席していてよく発言できるものだと感じます。たまに出てきて、長話したり議長に対し妨害的野次をとばしたりしているのです。まじめに出席している教官、三八度の熱があってもひたすら水を飲んで耐える議長に対し、たまに出てくる氏が教授会のあり方や学部長の心得について長々とお説教しているのですから、これはもうマンガの世界です。こんなに欠席している人がまじめに出ている人に何か教えることを持っているのでしょうか。われわれ教官は、そんなに愚かではありません。氏の主張が多数の支持を得て通るという場合が全然無いのは当然です。

みなさんにお考えいただきたい原理的問題は、「欠席したものは、その分ハンデを負う。その分発言権を失う。」ということです。（だから、私は二九年間で欠席は四回だけです。）

○○氏の質問は、かなりの場合、すでに教授会で話が出たこと、出席していれば質問しなくてすむことです。だから、私は何度も「それはもう話しました。」と言いました。欠席していた時の議事内容について知らないのは、欠席していた自分が悪いのです。知らないことについては、まず同僚にたずねる、配布資料をよく読む等の手順を踏むべきです。いきなり教授会の場で質問してすでに話した人聞いた人の貴重な時間を奪うのはやめましょう。また、教授会ですでに決定した結論を、その時欠席していた人が後になって覆し否定しようとするのは大変です。それなりの覚悟はしてください。まず、欠席して審議に参加せず今ごろになって議論をむしかえす失礼のおわびくらいは言ってください。そして、それが決まった時の論議では出なかった新たな論点、新たなデータを出してください。そうしなければ、自分の出欠の都合での再審議を全員に強いたことになります。

○○氏は、このようなマナーもルールも守りませんでした。「大学は私企業に関わるべきではない。」などという粗雑な抽象論を述べただけでした。支持されないのは当然です。

○○氏は就職委員の一人です。委員長の報告によると、就職委員会の席上でも、この模試の継続に反対したそうです。一対残り全員という採決結果で、氏の主張は通らなかったのです。

委員は各教室から選出されてきた教室代表ですから、この結果は学部の世論だと言っていいでしょう。だから、私は不思議に思います。なぜ○○氏は教授会でも委員会と同じことを主張したのでしょうか。委員会で否決された主張を教授会でよみがえらせて通すためには、委員会では出されなかった新たな論点やデータを出すべきです。

相手以上に目線が低い具体的な資料が無ければ議論に勝てるはずはありません。そういう汗をかく努力をしないのならば、教授会で反対しても無駄です。全教室代表が出ている委員会と教授会とで同じ内容の論議をくり返すのなら、委員会は不要になります。

同じことを何度もくり返して言うのが有効なのだと思っているから、だらだらとくり返しの多い長話になるのです。同じことを何度も聞かせる長話を強制するのは無礼です。

〇〇氏は、委員会・教授会において、いったい何の資格で発言したのでしょうか。

就職委員は教室を代表しているのです。それなのに、これだけの重要な反対をするのに、氏は教室会議に全然はかっていないそうです。報告もしていないそうです。(私が教育学教室に籍をおく身でありながら、「……そうです。」というのは、学部長就任以来ほとんど教室会議に出ていないからです。最初は単に多忙すぎたからですが、結局「学部長は特定の一教室にとらわれず超然たるべきだ。」と思うに到ったからです。)しかも、教授会での採決でも明らかなように、〇〇氏以外の教室員は全員〇〇氏には反対なのです。

要するに、氏は教室から選出されていながら、教室には何も言わず何の情報も提供せずに、教室の他の人たちとは正反対の主張を教室外でしたわけです。

この人物に、「学部長は必要な情報を教授会に提供すべきだ」などというお説教(平成七年三月教授会)をする資格はありません。また、氏は普遍教育の履修基準の問題で、全学教育委員会委員をつるし上げ、「教授会にはからずに約束をしてきた。」という趣旨の非難をしました。（平成七年一月教授会）もちろん、これは言いがかりに過ぎなかったのですが、氏はすっかり悪のりして、議長が「他学部が」と言葉を発したとたんに「他学部はどうでもいい！」と野次りました。（氏は「宇佐美ごとき者の考えは最初の一語だけ聞けばわかる。」と私をなめているのでしょう。）他にも何度も野次をとばしました。これだけ全学委員のとった手続きを独走扱いし非難したこの人が今回のような教室無視をする人と同一人物だという事実をどう説明したらいいのでしょうか。

教育学教室は、教室選出委員のこのような態度を許容するのでしょうか。他教室の人は、教室選出委員の意見は教室の意見なのだと思うでしょう。当然です。

このような教室選出委員の独善的暴走は、たまたま○○氏一人だけだから、これですんでいるのです。三、四人もこんな人が出て来たら、学部の委員会制度は完全に破綻します。

それを言えば、氏の長話、お説教、野次もそうです。一人だからこれくらいですんでいるのです。三、四人もいたら教授会は麻痺します。つまり、客観的に言えば、○○氏は他の人びとが良識的だからこそ、それに甘えて非良識的言動をなし得ているのです。

議長の発言を途中でさえぎる妨害的野次、議長の勧告を揶揄してまでの長話の押しつけ（平成七年一月教授会）……これらについて○○氏は謝ったことがありません。謝らないでその後そのまま発言が出来る、とくに議事運営のあり方についてお説教めいたことが言えるというのは、まったく不思議です。氏の辞書には「反省」という語は無いようです。

私は一一年前の昭和五九年一一月教授会には、「議事運営の合理化について」という議題を提出しました。○○氏の反省を教授会として要求しようという提案でした。

その後一一年間の経過を見ると全然効果は無かったようです。

また近くは平成五年一月教授会です。○○氏は議長の許した時間を越えてまで学部長選挙で自分に投票するよう訴えました。「文部省との太いパイプ」など、今どき「田舎政治家」でも顔赤らめそうな野暮なせりふでした。この力みかたにもかかわらず、支持は全然無く第一次候補にも入りませんでした。みなさんは、それほど氏に対し批判的なのです。氏はこの時点で反省し、以後の発言をつつしむべきだったのです。

自分は汗をかかないのに、具体的な仕事で汗をかき胃に穴をあけている人に対し抽象論で文句をつけたりあげ足をとったりする、自分自身の言動が全く矛盾しているのに抽象論できれいごとの建前を言う、他人にきびしく自分に甘い……こういう「口先民主主義」の横行をおそれます。私はこれまで、このような「口先民主主義」に対し甘すぎてみなさんに御迷惑をかけたと思います。やわな学部長であることを恥じ、反省しております。

II

「怒るべき場面気弱く見送りてその怒りいま己れに向かう」が私の心境です。申しわけありません。

○○氏によれば、大学は営利目的の私企業に関わるべきではないのだそうです。耳を疑いました。日本は共産主義国だとでも思っているのでしょうか。

おかげ様で近く附属中学校校舎の建替が行われます。この工事の発注先が私企業ではいけないとすると、どこに頼むのですか。

また、私は授業で自分の著書をテキストにしています。学生が買うことによって私企業である出版社も私人である著者も、ある利益を得ます。これは、なぜいけないのですか。

要するに取引関係の相手がだれであろうと、相手がどんな意図・動機を持っていようと、契約の手続きが公正で（リベートやわいろなどとらず、十分に広い範囲から入念に相手を選んで）、良いものを適正な価格で買えばいいというだけの話です。

情報もただではありません。学校は情報を売り買いする所です。この模試も、ある出版社から情報を買って学生に提供しているわけです。就職委員会は、十分に上記の公正・適正に意を用いたと聞いております。それでいいのです。

情報の取引相手の意図・動機まで吟味するのなら、非常勤講師でも、自分の名誉のために、ひいては自分の利益のためになりたがる人がいます。（筒井康隆『文学部唯野教授』にも、何とかして非常勤講師になりたがっている人物が出てきます。）しかし、そんなことは外から見てはわかりませんし、かりにわかっても、どうでもいいのです。良い価値ある情報をもたらしてくれる講師なら、それでいいのです。

○○氏によると、受講している学生が少ないとのことでした。氏は、かりにも就職委員なのですから、調べてから批判するべきです。模試受験の人数は次のとおりです。第一回目八二名、第二回目六九名、第三回目一〇八名です。これを単純に合計すると、のべ二五九名です。多少、複数回受験した学生もいるようなので、実数はこれよりは少ないでしょうが、どう見ても「少ない」と評されるような数ではありません。

汗をかいて（というほどの手間ではありませんが）調べてから、ものを言うべきです。調べもしない口先だけの批判はやめましょう。

役立つ模試なら金を出してもいいのです。

「役立たない」と批判する人に（○○氏にも）問います。次の三つの調査をしましたか。

1．諸都道府県の試験問題を調べる。

2．学生（上学年次生）が今までの授業でどこまでそれらの試験問題に該当する内容を教わっているかを調べる。

3．模試内容を調べる。

これらの調査をしないで「役立たない」と批判することは出来ないはずです。また、就職委員長・副委員長ならこれくらいの汗はかくべきです。（就職委員会は、このように自分から仕事を作り、仕事を追いかけるべき委員会です。仕事が来るのを待っていてはいけません。これに対し入試委員会は、独創的に仕事を開発するのが難しい委員会です。）

私は、1．2はある程度しました。例えば、二年前のことですが、三年次後期の学生約百名のクラスでたずねました。全員「ジョン・デューイ」を教わったことがありませんでした。千葉師範附小の「手塚岸衛」も教わっていません。要するに「新教育」関係の知識は得ていないのです。私はとりあえず、課題図書である『窓ぎわのトットちゃん』のトモエ学園を例にしていろいろ話しておきました。

とにかく、少なくともこの時点での教育学教室関係者には「模試は役立たない」などと言う資格は無かったはずです。（それとも、教官は教えないが、学生は自学自習せよとでも言うのでしょうか。自学自習でも楽に受かったのは古き佳き時代のことです。）

○○氏は授業内容を検討しようという趣旨の発言をしました。こんな発言が模試に対する「代案」なのだそうです。

こんな抽象的な評論をしているから、教授会は長引き、しかも何も決まらないという結果になっていたのです。○○氏は「……を考えて下さい。」「……を検討しよう。」といった評論が会議での提案だと誤解しているようです。会議というものが全然わかっていないのです。会議での提案は、「○○をどうするか考えてください。」や「○○を検討しよう。」であってはいけません。それは評論にすぎません。「自分は○○を……という状態に変えたい。『イエス』と言って賛成してくれ。」という論理であるべきです。明確な政策意思への承認を求めるのです。（学部長就任以来の学部長提案が十数件あり、すべて可決されたのですが、どの提案もこの論理です。）

評論と提案との区別のためのいい例は、昭和六二年二月の研究科委員会です。たまたま研究科長の都合が悪かったので、大学院委員の私が議長をしました。ある教室の非常勤講師審査書類の不備をM教授（もう退職しておられます）が指摘し「以前もこの種の不備を指摘した。それなのに、これだ。みんな考えてもらいたい。」という論旨を言いました。私はそれをとり上げませんでした。「提案ならだれに何をさせたいのかという意思を言うべきだ。」という趣旨を言いました。○○氏は野次をとばした上で、「議長はみんなにはかれ。」という要求をしました。冗談ではありません。提案の体をなしていない「評論」は会議ではかるべきものではありません。「この書類を○○教室は……の形に○月○日までに直せ。議事は○月の会議で行え。」という意思を言うのが提案なのです。何か感想を述べれば議長が提案の形式にまとめてはかってくれると思うのはとんでもない甘えです。そんな他人頼みの甘ったれた感想が政策として支持されるはずはないのです。自分の提案者としての責任を果たさない甘ったれ民主主義、万年野党的民主主義です。

教授会の時間が「二時間」におさまるようになったのは、「教授会は提案に対するイエスかノーかを決める場である。評論を述べあう場ではない。」という大原則を大方のみなさんが支持し実行してくださるようになったからです。ありがとうございます。

○○氏は代案無しで、評論しか出来ないのに、十分に具体的な委員会案に反対したわけです。支持されるはずはありません。

氏がまずするべきは自分自身の授業内容の公開です。年間にどんな事柄を教えているかを細かく示すのです。（私自身の「道徳教育」については前述のように自著をテキストにしていますので、内容は明示されています。）また、それと同様に例えば「教育学Ⅰ・Ⅱ」で最低共通に教えるべき事柄を細かく列挙すべきです。身を挺して自力で具体的なたたき台を示すべきです。自分は汗をかかないで「このような問題を検討してもらいたい」などと他人に要求するのは、「口先民主主義」的評論であり、とうてい「提案」と呼ぶに値しません。

以上、教室・委員会・教授会を通じての責任ある言論のあり方について、学部長としての意見を申し述べました。反論したい人は、文書を庶務係に出してください。全員に配付いたします。（もちろん、私が納得できない内容なら、それを批判する学部長意見書を出すことになると思います。）

付録2

教授会構成員各位

平成九年三月三日

学部長　宇佐美　寛

「年齢＝プライバシー」説批判
（学部長意見書）

二月二七日教授会において、私は教官の年齢（生年月日）を明らかにする措置をとりました。これに反対する動議の有無を確認の上ですから、異論は無いはずです。（もっとも私は、この確認さえ不要だったと思っております。あまりに当然のことなのですから。例えば、投票所の机に仕切りを設けて隣の人がだれの名を書くか見えないようにするのは、学部長が職権で行うべき措置です。それと同様です。こんな当然のことの是非を議題にしていたら、教授会は毎週やっても足りません。）

しかし、現実には、学部長の考えがおわかりにならない教官が多少はおられるようです。事務官のところに質問に来た人もいたようです。私は「会議の場では何も言わなかったのに、何を今ごろ……」と思いますし、「学部長の意思による措置なのに、学部長の指示で働いた事務官のところへ行くのは、すじ違いだ。」とも思います。

それはともかく、私の考えが理解されていないのは事実のようですし、私も、時間の制約を気にしたので、言い足りないことがたくさんあります。以下、教授会での発言を補うために、私の考えを申し述べます。

要点は、次の三つです。（各節に割りふって論じます。）

Ⅰ．民主主義国家の国民には、公務員の年齢を知る権利がある。
Ⅱ．停年制がある以上、投票者は被選挙者の年齢を知る権利がある。（これについては、ある程度、教授会で述べました。）
Ⅲ．個人の年齢については、公的領域と私的領域を混同して論じてはならない。民主主義は、この領域の区別によって成り立つ文化なのである。

教授会で全員に配った生年月日付名簿についてお怒りなのでしょうか。笑うべきことです。そんな情報は、すでに四年ほど前に教授会が認め全教官に配った『教員総覧』にちゃんと書いてあります。（私は、何人かの教官に他の教官特に年輩の教官の年齢のクイズを出しました。意外に知らないのです。選挙民がこれでは困ります。『教員総覧』を見ないのかと聞きました。そんなもの日常愛読する類いの本ではないから覚えられない、それにその後四年間出ていないのだから持っていない先生もたくさんいるとの返事でした。）

また、市販の大学職員録の類いには、生年が出ています。千葉大の図書館にもあります。年齢は簡単にわかります。

それでいいのです。当日の水内先生の評議会報告にもあったように、教授会の議事内容さえ情報公開を迫られる時代なのです。公務で勤めている公職者の年齢の開示を拒む合理的理由があったら教えてもらいたいものです。人事は、公的なものです。わが学部でも、例えば、採用人事は、原則的に公募で行っています。応募者（あるいは関心のある人）が、その教室の年齢構成がどうなっているかを知りたいのは、当然です。上記の大学職員録などで調べるでしょう。この事態が、なぜ悪いのですか。また、大学に問い合わせるかもしれません。答えることを拒否できますか。正面から争われたら勝目はありません。

公職者が国民にとって年齢不明のままでいられるというのは、共産主義国の独裁者を連想します。この「情報公開」時代にとんでもない時代錯誤です。

選挙をする有権者が被選挙者の年齢を知るのは、なおさら当然の権利です。停年制があり任期がある役職なのですから、「この人は何期つとめられるのか。」を考えるべきものです。

その情報が無かったから、教授会でも申したように、当選してしまった人が「私は任期を全うできる年齢ではありません。」などと言い出す事態が起こるのです。これほどではなくても、「まだ何期もつとめられると思ったのに、実は一期だけで終りなのか。」と後から気づく事態、誤解のまま気づかないでいる事態がいくらでもあり得るのです。これは、「詐欺選挙」とは言わないまでも、確かに「誤解選挙」です。

年齢は公の役職につく人を選ぶ判断において、重要な資料です。もちろん、私が主張したような「もっと若い層に役職経験を積んでもらわないと、学部の明日が危い。」という考えばかりではないでしょう。個々の場合には、逆に「Aさんは、この年齢ではたぶん経験も少なく、学部の外に出る役につくと貫禄負けするだろう。ここは、しばらく年長のBさんだ。」という類いの判断もあるでしょう。どちらにしても年齢を知っているからこそ判断が可能なのです。

判断は、もちろん各人の自由ですが、錯誤判断を防ぐための重要なデータは知っていなければなりません。それを保障するのは、学部長の義務です。

一般の選挙で、「年齢はプライバシーだ」と言って年齢をかくしている候補者がいますか。選挙とはプライベートなものではなく、パブリックな事柄なのです。

Ⅲ

しかし、日常の私的会話で、やたらに相手の年齢を聞くのは、品が悪いと見なされているようです。「女性のとしをたずねるのは非礼だ」と昔英語の時間に教わりました。しかし、これは、(ヴィクトリア朝文化か何かにもとを発する?)不当な男女差別でしょう。女性に失礼なら、男性にも失礼なのです。「女性はとしによって、価値が違う。」とでも考えられていたのでしょうか。

とにかく、このような事柄は、私的領域です。この領域では、私も相手のとしを故意に若く言ったり、逆に年寄り扱いしたり、としを知らないふりをしたり……と様々な言い方をします。冗談、お世辞、挨拶等の私的領域です。

私的領域における年齢がプライバシーだというのは、当然です。財産・収入もそうです。やたらに、相手の持金をたずねるのは、エチケットとして感心しません。

しかし、公的領域である納税において、このプライバシーをふりかざすわけにはいきません。公人の典型である政治家は、プライバシーだといって財産を一般国民の目からかくすわけにはいかなくなっています。

適切に公私の領域の区別を行いましょう。公的役職の選挙における被選挙者の年齢は公事であって、私事ではありません。

私が教授会で言及した某大学は、公私のけじめも付けられない頭のにせ個人主義者、えせフェミニストが横行する陰惨な所のようです。わが学部がそんな所ではなく、公的情報の透明度が高くて本当によかったと思います。

異論がある人は、このような文書の形で庶務係長までお届けください。コピーして全員に配ります。ただし匿名は不可です。

付録3

教授会構成員各位

平成九年三月二一日

教育学部長　宇佐美　寛

「教育学部長」論（学部長意見書）

Ｉ

これが宇佐美学部長時代の最後の学部長意見書です。（去っていく学部長の遺言です。）意見書ですから、退任の御挨拶は書きません。そちらは、最終教授会の後で申し上げる予定です。

「教育学部長」というものがどんなものか、私の経験に基づいて申し述べます。

とにかく、たいへん多忙でした。ただ忙しいだけならいいのですが、判断を要する大小さまざまな案件・事件が次々に起こります。その多くは私の責任で判断します。急ぐからです。また、プライバシー等機微に触れるものもあります。（また、重要であっても教授会の審議にはなじまない事柄もあります。例えば、文部省・本部・他学部等を相手の折衝の過程で、「まさに中途の段階の判断で、しかも急を要するので、当面はこれくらいにあいまいな線で合意しておこう。」といった判断をその場ですることがあります。）これらの事案を全て教授会にかけていたら、教授会を毎週開いても間に合いません。教授会にかけるのは、特に重要なものだけに限らざるを得ません。

だから、信頼できる人物を選んでおいて、相当の部分は、その人物の判断にまかせるのでなければ成り立たないシステムなのです。（この四年間、おまかせくださったことに心より感謝申し上げます。）もう二十余年も前ですが、学部長が私（もちろん若い助教授でした）に、「学部長は本当に孤独だ。」と述懐されました。今、そのとおりだと思います。

第一期目の二年間は、不なれで、不安・非能率でした。二年間は、なれるので精いっぱいです。（第一期で七キロやせ、第二期でもとにもどりました。胃かいようも一度やりました。）

特に不なれで不安だったのは、外交面です。文部省・県・大学本部・他学部等の関係者に対する折衝です。具体的に言えば、意見・利害の相違がある時、どこまでねばるか、どこで妥協するか、どう貸しを作ってあとを残すか、そもそも文句を言うべきか、それとも黙っていた方が学部にとって得なのか……等々の複雑な方程式です。何しろ相手の人間が未知数なのですから、なかなか自信のある答えが出せません。

私は日頃、学生に教えています。「おとなになるとは、ケンカの仕方がわかることだ。争うか黙っているかの見きわめが要る。争ったらどう勝つのか。勝つ見込みのないケンカなど、たいていの場合はしない方がいい。ケンカするなら決着と事後措置をどうするかまで考えろ。」という趣旨です。

この教えは本当にありがたい重要な教えであることを第一期目で身をもって確認しました。

どこの学部長でも、任期の終りが近づくと、「あと何十何日……」と数え終りの日を待ち望む心境になります。ある元教育学部長は「深夜、任期が終った瞬間、萬歳三唱した。」と言っておられました。私もまったく同様の心境です。

しかし、我ながら情ないことではあります。もう腰が引けてしまっているのです。最後の一瞬まで、終りなど意識することなく、問題を求め戦いつづけるという状態ではありません。「倒れて後やむ」とか「常在戦場」とかの気迫・闘志が衰えてしまっているのです。自然かもしれませんが、情ないことです。「おれも、としをとったものだ。」と思います。

だから、教育学部長は一期(二年)でやめてはいけないのです。二期つづけるべきなのです。なれるのに二年かかって、終り近くなると、任期切れを待ち望む心境になる……そんな状態の学部長にねばり強い、長い見通しの仕事が出来ますか。

特に教育学部を囲む状況は、今かなり厳しいのです。(厳しさの要因を一々書く必要はないと思います。)二年でくるくる代る学部長には、強い折衝は出来ません。

学部長が弱いのですから、学部も弱くなります。

今の厳しい状況では、教育学部長は二期四年をがんばってつづけるべきです。他の学部には、一期だけでやめる学部長もおられるのですが、状況の困難さが全然違う学部です。

私は以前からこう考えてきました。だから、平成六年の学長選挙において学部からの推せんを辞退したのです。「今、学部長をやめるわけにはいかない。学部は、激流をわたる途中で船頭を代えることは出来ない。」ということをあの時申しました。

だから、今度の学部長選挙の状況には、唖然としました。何しろ、候補者（正式には「候補者適任者」ですが、便宜上、こう呼びます）四人の中で二期四年つとめられるのは水内氏ただ一人です。あとの三人の方はみな私より年長で一期終ると停年というお年です。

念のため申します。この三人の方には責任はありません。投票され候補者にされて迷惑しておられるのでしょうから。御自分では、学部長になろうなどとは全然思っていらっしゃらなかったでしょうから。つまり、私がここで問題にしているのは、意志を持たず（不本意に）候補者にされてしまった三人の方ではなく、意志を持ってこの三人の方に投票した投票者です。投票者の意志の根拠です。

一期しか学部長をつとめられない年齢の方に投票した人は、「宇佐美は無能で不真面目だから、仕事になれるだけでも二年もかかった。しかし、このお方は違う。一期二年ですぐ御立派につとまる。」と言っているわけです。あるいは「学部の逆風状態といっても、たいしたことはない。学部長が二年ごとに代っても大丈夫、何ということもない。」と言って、私の「激流・船頭」論を頭から否定したことになります。
私は侮辱されたと思うべきなのでしょうか。それとも、「ああ、わが学部には、無能で不真面目な宇佐美など足元にも及ばぬ偉い先生がお三方もいらっしゃると投票者は言っているのだ。学部のために慶賀すべきことだ。また、たいした逆風でもないとしたら、これまた、うれしいことだ。」と喜ぶべきなのでしょうか。また、喜ぶだけではいけません。「これは、四年もやらないと仕事になれなかった無能・不真面目な私へのお叱りだ。すぐ辞表を出さねばならぬ。」と反省すべきなのでしょうか。あるいはまた、「学部長の仕事というのは、そんなに易しいのか！」と目覚めて自らの無能・不真面目を恥じるべきなのでしょうか。

とにかく私ごとき者の頭では全然わからない投票者の御意志で、私は途方に暮れました。親しい若い教官にそう話したところ、「先生は論理倒れしています。そんな難しいことではありません。投票者は、そこまで考えていなかったということに過ぎません。だれが何歳かさえ、よく知らないのです。」との返事でした。
もし、そうならば、これは「衆愚政治的」と評すべき状態です。学部長がどんな仕事をする職なのかもよく分かっていないのでしょう。

II

学部長は学部運営の路線（基本政策）を持つべきものです。自分の路線を支持してくれるように教授会に要求しつづけるのです。

宇佐美学部長の路線の特質は、もうよくごぞんじのように、次の二つでした。

1．教授会の正常な秩序を確立する。

2．学部の構造については、「改革」を行わない。教員養成学部としての構造を守る。

秩序を愛し「改革」を排する――まがうことなき保守本流の路線です。

自分の路線を持たず教授会が決めたことに従う、そんな「教授会のロボット」みたいな没個性的な学部長ですむなら、なにも選挙をすることはありません。くじ引きか輪番でいいのです。

教授会がいかに民主的であっても、教授会の機能には自ずから限界があります。教授会は毎日開いているわけではありません。しかも百人を越えるメンバーの最大公約数的な結論を出すのです。起こっている問題に対する迅速・入念な小まわりのきく対応は不可能です。また教授会が外部で折衝してくるわけにもいきません。外でケンカをし、七キロやせ、胃かいようになるのは、学部長であって、教授会ではありません。（私は「学部長がスリムになったのだから、学部がスリムになる話はもうやめましょう。」と人身御供みたいなせりふを外で言いました。教授会はこんな冗談も言えません。）

要するに、教授会に軽くおんぶしている学部長、「教授会の忠僕」的な学部長では、つとまらないのです。そういう弱い学部長では学部が弱くなります。

学部長は自分の路線で教授会に提案を行い承認を求めるのです。否決されても、自分の提案が正しく教授会の多数意見の方が間違いだと思ったら、手をかえ品をかえ、様々な方法で、承認をかちとる努力をすべきです。

上記1・2については、みなさんの御理解を頂いているとは思いますが、確認のための解説を加えます。

1について。私は、教授会を会議らしくしたいと思ってきました。学部長になる前から、ときどきフロアから議事整理について発言してきました。だから、この1については、すでに公約をしていたようなものだと思っています。教授会は民主化してはいけません。論理化すべきものです。「民主化」などという意味あいまいなスローガンをかかげると、「言論の自由」を無制限に行使し、評論と会議との区別もつかない「自由人」が横行するにきまっています。言論の自由は会議の論理の枠内でのみ認められるのです。論理的な秩序ある会議なら効率的になるはずです。

2について。これについては、何度か学部長意見書で私の考えを申し上げましたが、私は学部長になる前から「改革」についてはきわめて冷淡な態度をとってきました。それをお考えの上で私に投票されたのだと思っています。

われわれ教員養成学部は、基本的には正しい教育・研究の営みをしてきたのであり、何も原理的に反省することは無いのです。ただ、教員の需給関係が一時的に悪化したというだけの外的条件の話にすぎません。そして、これはわが学部の責任ではありません。そして、教員養成はきわめて重要なのです。保守主義者は、こう考えました。

平常の外的条件の場合だったら少しも望ましいとは思わない学部機構の改変を「改革」という美称で飾るのは偽善です。「時代の（社会の）要請に対応」などと理屈にもならぬスローガンを添えるのは、ごまかしです。

赤飯をたいて祝う気にはなれない「改革」などする気が無い――私は本部でも文部省でもそう言ってきました。

もちろん、理論的に言えば、わが学部も機構を変えた方がいいと思う人もいるでしょう。（例えば、中学校教員養成課程はやめて、他学部にまかせるという案を聞いたこともあります。）しかし、そのような「改革」を今、教員の需給関係と絡めて言うのはフェアではありません。また、問題の本質を見失うので愚かしいことです。私は平成七年三月二〇日付の学部長意見書に「火事場でわが家の消火に懸命に努力している最中に女房から離婚話を持ち出されたような気分です。」と書きました。（この意見書は文部省にもさし上げました。）火を消してから落ちついてゆっくり考えればいいのです。追われる形での落ちつかない「改革」などしてはいけません。需給関係が回復した後もなおその「改革」に情熱が持てるかを見定めましょう。保守主義者はそう思いました。


「今度の学部長選挙で宇佐美は特定の候補を支持し、だいぶ動いた」という趣旨の非難の言を吐いた人がいます。とんでもない認識不足です。ここまでこの意見書を読んだ人は、次に私が何と書くか、もうおわかりだと思います。

学部長は特定の候補を推して運動すべきものです。学部長が中立で無関係だという顔をしていたら学部は混乱します。

総理大臣は、自民党総裁であって、いざ選挙となれば、自民党の路線のために戦うのです。それと同じです。前述のように、学部長は自分が正しいと思う路線を持って教授会に臨み学部運営に当ってきたのです。私の「保守本流」路線を継承・貫徹してくれる候補を推して運動するのは当然です。（もちろん、職権を運動のために使うような混同はいけません。）

私は、「学部長選挙を前にしての意見——教育学部教授　宇佐美　寛」という文書を書きました。口でしゃべっているひまが無いので、文章にして配るためです。まず、何人かの教官に上げたのですが、それらの人は「これを全員に配るのはやめた方がいい。学部長の職権乱用だと言われる。」と忠告してくださいました。私はそれに従ったのですが、今は従ったのが間違いだったと思い後悔しています。この文書は天地に恥ずるところ無く、全員に配るべきものでした。何しろ学部長名ではなく、宇佐美教授の名においてなのですから、何らさし支えないはずです。

遅まきながら、「参考」資料として添えます。（これも誤解され怪文書あつかいされているらしいのです。）

III

もう一つ、私には不可解なことがあります。

私は学部長として、附属学校委員会委員の選出方法について提案しました。今までのブロック制で選ぶのをやめて専門性・当事者性の強い教官を学部長が指名しこれを教授会が承認するという趣旨です。

教授会では、反対がありました。継続審議にした上で、審議・採決の結果、学部長提案は可決されました。

もちろん、これはこれでいいのです。どんな意見であろうと自由なのですから。問題はその後です。

一月一〇日に附属学校と新委員会との共催で研究会が大会議室で開かれました。事前にこの研究会については、学部教官全員にお知らせしてありました。かなりの盛況でした。

しかし、教授会で学部長提案に反対の方向での挙手をした人は来ていたのでしょうか。私の見落しで一人かそこらは来ていたのかもしれません。しかし、反対の趣旨の発言をした人は来ていませんでした。

こういうのが、まずいのです。「ああ、あの反対は、やはり反宇佐美感情の無責任野党的反対なのだ。ためにする反対なのだ。附属学校のことを本当に気にしているのではない。」と思われても当然なのです。

私が反対者なら意地でも出席するところです。上記のようにかんぐられるすきを作らないためです。

また、本当に学部長提案に反対なら、提案が通った後もその実施状況を確かめて証拠によって再批判し覆す努力をすべきです。

とにかく、それだけの気もない安っぽい反対はしないでもらいたいと思います。学部長は、はるかに本気で案を作ったのです。それを上まわる「本気」度で反対する、その意味で尊敬できる反対者と論戦をしたかったと思います。

「自分がやりもしないことでは発言しない。」というのが保守主義者の態度です。（保守主義とは、理想についての言論と実際の言動との距離が比較的小さい思想なのです。）

あとがき

I

「教育哲学」は、なぜ不毛なのか という論文の冒頭、私は次のように書いた。『〈実践・運動・研究〉を検証する(宇佐美寛・問題意識集9)』明治図書、二〇〇三年、一五五—一五六ページ。(初出は『教育哲学研究』第七八号、一九九八年一一月、である。)

数年前の大会での一般発表であった。大学院生がシュプランガー(ではなかったかもしれないが、それはどうでもいい)の教育思想について発表した。ところが、初めから終りまでシュプランガーが何と言っているかというだけの内容である。これは研究か。

当然、私は質問した。ほぼ次の趣旨を発言した。「これは、どういう意味において『研究』なのですか。私もドイツ語は読めるから、こんな話を聞かなくても、読めばわかる。もし、シュプランガーがこの会場にいたならば、君の発表に感心しますか。いい通訳がいるとしか思わないでしょう。」

彼は気を悪くしたらしい。「シュプランガーについての私の基礎理解を述べたのです。」という趣旨を答えた。

「基礎理解」などというものは学会で発表すべきものではない。せいぜい、大学の授業で、教師の指導の下に報告すればいいくらいの内容である。研究以前のものである。学会でこんなものを二〇分も聞かねばならぬ義理は無い。

しかし、彼だけではない。大半の研究発表は、単なる祖述にすぎない。私が読んでも翻訳できるような内容を述べるにすぎない。いわゆる横文字を縦にした体のものである。

私は、本誌においては、二度このような現状を批判した。次の二点である。

1.「『教育哲学』のことば」『教育哲学研究』第32号、一九七五年一〇月。

2.「『教育哲学』を考える」『教育哲学研究』第65号、一九九二年五月。

右の2において、私は次のように述べた。

> 私は、「教育哲学」の名においてなされている発表業績の多くを研究だとは思っていない。発明・発見が含まれていないからである。今までの学界では知られていない新しい独自な主張をするという基本構造が欠けているからである。
>
> ……〔略〕……
>
> 会員の多くが欧米人の著作を読んでいる。また、かなりの人が欧米の大学で学んできている。それなのに、なぜこの人たちは〈彼らは自分の意見を言う。〉という最も基本的で単純な事実を学ばないのだろう。不思議である。

私は約四十年前、米国の州立ミネソタ大学の大学院生だった。そこで教えられた最も重要なことの一つは〈他人の思想を自分の「研究」として提出するのは、詐欺・横領の類いであり、恥ずかしい所業だ。〉ということである。当り前である。一般の学界では、他人の考えを報告・説明するだけのものを「研究」と称するわけにはいかない。

外国の学者が何と言っているかを読むのが学問だと思っているような教育学者ばかりが目につく。教育学とは、現実の教育を研究し、現実の教育をより良く変えていく学問であるはずである。私は、ずっとそう思ってきた。

ところが、わが国の教育学のエネルギーは外国と過去(つまり歴史)のデータをあさるのに、ほとんど浪費されてしまっている。

今の、日本の教育現実を研究しようとする教育学者は少ない。

現実の教育に責任を持とうとしない、外国と過去への逃避をしているのだから、気楽である。現実離れで気楽だから、現実についての自分の考えを持つ必要が無い。いわんや自分の考えを実現する努力などしない。

自分が無いのだから、自分の言葉を厳しく使う動機・意欲も無い。粗雑で、非個性的な文章しか書けない。

教育哲学の醜状は特にひどいが、教育学一般も似たようなものである。

右の私の「教育学」論に反対したい人もいるかもしれない。

そのような人に問う。大学教員である教育学者で、大学での自分の授業実践を研究している人がいったい何人いるか。自分の授業によって自分の考えを試し主張している研究者が何人いるか。

この点で田中毎実氏は、まさに例外的な教育学者である。（そして、宇佐美もそうである。）氏は、自分の考えで、自分の授業を行い、それに基いて自分の文章で結果を公表したのである。氏に心より敬意を表する。

もちろん、本書で明らかにしたように、私は氏とは異なる意見を持っている。しかし、意見の違いは右の敬意をいささかも減ずるものではない。研究者相互の意見が異なるのは自然なこと、かつ貴重なことである。（多くの「教育学研究者」は日本の教育現実について専門家としての自分の意見らしいものを持っていない。）

Ⅱ

前著『大学授業の病理』の「あとがき」で私は次のように書いた。（同書、二四五―二四六ページ）

> 四十余年の間、他の論者が書いたものを批判しつづけてきた。当り前である。研究とは必ず旧い研究に対する批判なのだから。（もし、今までの他者の業績ですむ、文句が言いようが無い、満足しているというのなら、なぜ新たに自分の業績を公刊する必要が有るのか。）
>
> 他者の業績を批判した場合、その活字になった私の文章（著書・論文）を批判された当該の論者に

（原則として）贈呈してきた。これまた、当然である。自分の所論に対する批判の存在を知らされないというのは、不明朗な事態である。学界では有ってはならない事態である。

右に「原則として」と書いた。被批判者が残念ながらすでに御存命ではない場合、あて先不明な場合、……等、原則外の場合はいろいろ有った。

ところが、この頃は、このように私の方から贈呈しても、無反応、梨のつぶてである場合が多い。受け取ったという葉書さえ来ない。若い大学人は特にひどい。若い人で何らかの反応をしてくれるのは稀である。

大学人の「倫理の崩壊」である。痛い批判をされてしゃくにさわったのだろうか。学問は相互批判の世界なのに。こういう人たちは学生に何を教えているのだろうか。

四十年近く昔、処女作（童貞作？）『思考・記号・意味――教育研究における「思考」――』を出した。その本で当時の教育学界の大先輩・長老たちを批判した。それらの方々は、みな、ようやく三十代初めの私に御丁重なお手紙を下さった。

大学人の文化は低劣化の方向を進みつつあるようだ。

もちろん、本書も、被批判者には（原則として）謹呈申し上げる。

『大学授業の病理』の中での被批判者（つまり私の批判を受けた人）は十三人である。もちろん、それらの人には本を贈呈した。

その中で「梨のつぶて」で無反応の人は六人だった。そんなにも私の批判は鋭くて、葉書を出す義理も果せないほどの重傷を負わせ得たのだろうか。

もちろん、この『授業研究の病理』も被批判者には謹呈申し上げる。

Ⅲ

「付録」に収めた三篇の「学部長意見書」については、心配である。心配がますます強くなってきた。政治的に悪用されるという悪効果が生じるのではないだろうか。

次のような誤った意見、悪意ある、ためにする意見を助長することになりはしないだろうか。

「大学の教員は、こんなにも愚かで利己的で、狭い見方しか出来ないのだ。『付録Ⅰ』に出てくる○○氏を見よ。」

「こんな当然のことを通すのに学部長は時間をかけて説得している。非能率で御苦労なことだ。教授会で決めるのではなく、学長・学部長のような機関の長が決めればいい。長の権限を強化するのに賛成だ。」

右の「悪用」問題は、今、いわゆる「大学法人化」という改悪との関連で、考えねばならないだろう。

私の友人である国立大学の学部長は、私への手紙で次のように言う。

「そもそも大学の『法人化』は大学の悪弊・悪習慣を針小棒大にして、財政難のツケを大学に回そうとする政治的意図から発想された面もあると私は思っております。」

全く同感である。

さらに彼は言う。

「この先一〇年間ほど、日本の大学教育は混乱し、底の浅い『研究に値しない研究』が、まかり通るのではないでしょうか。」

「各学部の一七年度の『研究費』は、これまでの六〇％減です。この先、四年間で全学で六〇名の教員の削減を余儀なくされます。東大、京大は別格として、その他の大学では軒並み人件費の削減と研究費の削減で、これが数年続けば確実に『地方国立大学』は弱体化し、淘汰・集約化が進むのではないかと危惧されます。」

おそるべき「法人化」である。

私の「学部長意見書」が、こんな「法人化」を助けるような影響を持つのを防がねばならない。

私は、千葉大学教育学部に三三年つとめた。

着任当時からのことを書いた文章が有る。

「志」『自分にとって学校はなぜ要るのか（宇佐美寛・問題意識集10）』明治図書、二〇〇三年、五七―六五ページである。一部分を引用する。

もう三十余年も昔、千葉大学教育学部に着任した。

教員の会議の雰囲気は暗かった。ろくに発言も無い。学部長や諸委員長の提案に対し、長老教授のだれかが「賛成だな」と一言発すれば決まるのである。ある学閥の出身者が学部長になる。長老らしい役割を果すのは、主としてその学閥に属する教授である学部長に近い立場の人たちである。若い教員の声がこの会議で聞こえるのは、まれである。ある若手の教員が発言しようとしたところ、向いに座っていた年長の教員に机の下で脚を蹴られたそうである。また、発言したくても、考えるのに必要な情報が、われわれ下々の教員には与えられていなかった。この体制は、それに反抗的な教員に対する人事・予算等におけるしめつけ的措置をとり得る。

こういう学閥・長老支配の体制が崩れたのは、一九七〇年前後のいわゆる大学紛争が大きな要因であった。千葉大学の場合、夜間の工業短大部に自衛官が入学するのを学生たちが阻止しようとしたことに始まる。いわゆる新左翼系の学生たちが本部の建物を「封鎖」してたてこもり、教員に「団交」を強要する。夜遅くまで追及する。学部長選挙を実力で妨害しようとする。個々の授業の中でも、この問題についての「討論」をしようとする。「スト」を呼びかける。……こういう非常事態において、長老教授たちは、まことに無力であり、ぶざまであった。学生と正面から論じあえる長老はいなかった。かりにも自分たちの学生なのに、会うことさえおそれていた。学生が間違っているなら、論破して叱るべきなのにである。厚生委員をしている若手教員が前面に出て学生とやりあうことになる。このように最前線で苦労している若手の発言が重みを増すのは当然である。

教授会に助教授以下も加えることになった。（それまでは、教授のみの会議であった。）

「厚生委員をしている若手教員」とは宇佐美助教授のことである。私は、勤務時間外に夜間部に通学してくる自衛官は単なる私人であり、自衛隊についてのどんな見方にも無関係だと思っていた。委員としてその論理での意見書を書いた。学生とは、しばしば論じあった。「封鎖」中の本部の建物にまで入って論じあった。

助教授以下もメンバーになった新しい教授会では、私はほとんど毎回発言していた。教授会の運営のルール、つまり議事規則を考え提案し成立させた。教員の採用・昇任の人事についての規程も提案し成立させた。

長老からは、ずいぶんからまれ、いやみを言われた。私の出身校がその学閥だったから、なおさら憎らしかったのだろう。他方、私からは離れた分野の教員の間で「宇佐美さんが来てから学部は変わった」と言われているなどという話が伝わってきた。

手を変え品を変え提案する。そのための根まわしを（主として年配の教員に）しておく。

欠席している時にとんでもない結論が決まると大変である。教授会は休めない。三十三年間で休んだのは四回だけである。出席した会議の回数の九割以上で何か発言していた。

平成5―8年、学部長を務めた。教員の選挙によって選ばれたのである。私個人としては、なりたかったわけではない。としをとってから、こんな激務をせざるを得ないのは苦痛であった。しかし、自分の立場を離れて客観的に言えば、わが学部の政治史においては、当然の決定であった。旧体制を攻撃しはじめ、ねばりぬいて学部の運営を変える提案をしつづけてきた人物を学部長にするのは当然の論理である。いわば討幕・維新の志士が明治政府を担ったようなものである。

学生を教える立場の人間として、私は学部の旧体制にがまんできなかった。黙っているべきではないと思った。

言いたいことを言わせない。少数の有力者が実質的に物事を決めてしまう。重要な情報も一般の教員には知らされない。……学校とは理性を尊重すべき所であり、こんな独善的な組織であってはならない。私は教育学の教師として、このような趣旨を教えているのである。自分が教えていることと明らかに矛盾する事態に甘んじているわけにはいかない。学生に「先生は何をしているのか」と問われて答えられない生き方をしてはならない。重要な問題について、私の教えていることとの間に矛盾があったら、学生は私をなめる。軽蔑する。なめられたのでは、学生を指導できない。

自分の良心が関わっている研究・教育の仕事については、自分の発言権が有る会議、つまり教授会で決定する。……大学として当然の論理である。教授会の権能は、ますます強化されるべきである。

この逆に、必要な情報も保障されず、発言のルートも無いのに、研究・教育の基本的条件が、いわゆるトップダウン方式で決められる。そんな所で、教員が元気になるわけがない。研究も教育も生気を失う。

教授会自治がうまく機能しない場合、教授会という制度自体が悪いのではない。教授会構成員が悪いのである。利己的・自己中心的であったり、不まじめだったり、無思慮だったりするから悪いのである。

わが国の議会制度は、大体のところ民主的である。しかし、愚かな決定がされ、望ましからざる法律が成立することはある。議会制度が悪いのではなく、結局は、そのような意思決定を容認している国民が悪いのである。

議会制度に責任を帰し、その制度を廃止しようというのは、(日独伊、いずれの国にもかつてさかんだった)ファシズムの宣伝的理屈にすぎない。

だから、私は教員の発言を保障し、情報を提供し、納得の上での意思決定をさせた。それでこそ、各教員は自信を持って研究・教育にあたることが出来る。教授会は強くなる。

また、学部長は、あの教授会制度で、十分に強い。道理ある政策を明確な論理で説けば、必ず可決される。私は、学部長の権限が不足だなどと思ったことは無い。教授会は十分に能率的に機能した。

学部教員の選挙によって選ばれるからこそ、学部長は強いのである。権威が有るのである。権威の源泉は民意である。教員の立場から言えば、自分が選んだのではない長については、その実質・内容を信任したわけではない。そのような長には、権力は有っても権威は生じない。学長についても、全く同様である。

私は学部長を務めた後は、学長によって選ばれる役職は全て辞退した。「学部教員の総意で選ばれたという名誉を持つ者が今さら学長指名のポストにつけるか。それは格下げだ。」という趣旨を教授会でも述べた。

民主主義の学校である教授会を紙の上で行なったのが「学部長意見書」である。

○○氏のような、あやしげな人物をも、この「学校」で教育するのである。

研究・教育の場において、原理的には、全員の決定の方が少数者の決定よりも賢明である。研究・教育については、原理的には、その仕事の当事者の方が外部の人間よりも賢明である。

長年の間には、愚かな学長、学部長も見てきた。構成員全員による民主的な選挙の制度で選んでも、あれくらいの人物なのである。それなのに、他の選び方で（「学長選考会議」のようなはるかに少数の者の意思で）選んだ方が、より良い人物が選ばれるという奇妙な理屈は、成り立つか。

もういいだろう。「学部長意見書」は、強い教授会の建築材料の一部分であった。教授会が弱体化すれば、もっと多くの、もっと悪質な○○氏が出てくる。教授会が弱体化し機能が貧しくなれば、教員はその分、大学全体の問題を考える広い視野、柔軟な思考を失う。○○氏のような人物がもっと増える。もっと狭い自己中心の考え方しか出来なくなる。

著者紹介

宇佐美　寛（うさみ・ひろし）

略　歴

一九三四年　神奈川県横須賀市に生れる。
一九五三年　神奈川県立横須賀高等学校卒業
一九五七年　東京教育大学教育学部教育学科卒業
一九五九年　東京教育大学大学院教育学研究科修士課程修了
一九六〇年—一九六二年　東京教育大学助手
一九六一年—一九六二年　米国、州立ミネソタ大学大学院留学（教育史・教育哲学専攻）
一九六五年　教育学博士（東京教育大学）の学位を取得
一九六七年　千葉大学講師
一九六八年　同、助教授
一九七七年　同、教授（教育方法学講座）
（一九九三年—一九九七年　教育学部長）（一九九八年—二〇〇〇年　東京学芸大学教授に併任）
二〇〇〇年　停年退官、千葉大学名誉教授
現在、埼玉県立大学、国立看護大学校、聖母大学等の非常勤講師
なお、左記の大学・機関（順不同）の非常勤講師（客員教授）を務めた。
東京教育大学、九州大学、山梨大学、岩手大学、山形大学、秋田大学、茨城大学、上智大学、立教大学、淑徳大学、早稲田

大学、放送大学、千葉敬愛短期大学、東京都立保健科学大学、厚生労働省看護研修研究センター。

著書目録

I　単独著書

1　『思考・記号・意味――教育研究における「思考」――』誠信書房、一九六八年
2　『思考指導の論理――教育方法における言語主義の批判――』明治図書、一九七三年
3　『「道徳」授業批判』明治図書、一九七四年
4　『ブロンスン・オルコットの教育思想』風間書房、一九七六年
5　『教授方法論批判』明治図書、一九七八年
6　『授業にとって「理論」とは何か』明治図書、一九七八年
7　『論理的思考――論説文の読み書きにおいて――』メヂカルフレンド社、一九七九年
8　『授業の理論をどう作るか』明治図書、一九八三年
9　『「道徳」授業をどうするか』明治図書、一九八四年
10　『国語科授業批判』明治図書、一九八六年
11　『道徳教育』放送大学教育振興会、日本放送出版協会(販売)、一九八七年
12　『教育において「思考」とは何か――思考指導の哲学的分析――』明治図書、一九八七年
13　『読み書きにおける論理的思考』明治図書、一九八九年
14　『新版・論理的思考』メヂカルフレンド社、一九八九年
15　『「道徳」授業に何が出来るか』明治図書、一九八九年
16　『「議論の力」をどう鍛えるか』明治図書、一九九三年

17 『国語科授業における言葉と思考』明治図書、一九九四年
18 『「道徳」授業における言葉と思考――「ジレンマ」授業批判――』明治図書、一九九四年
19 『大学の授業』東信堂、一九九九年
20 『「出口」論争とは何か』(宇佐美寛・問題意識集1)明治図書、二〇〇一年
21 『国語教育は言語技術教育である』(宇佐美寛・問題意識集2)明治図書、二〇〇一年
22 『「分析批評」の再検討』(宇佐美寛・問題意識集3)明治図書、二〇〇一年
23 『「文学教育」批判』(宇佐美寛・問題意識集4)明治図書、二〇〇一年
24 『議論は、なぜ要るのか』(宇佐美寛・問題意識集5)明治図書、二〇〇一年
25 『論理的思考をどう育てるか』(宇佐美寛・問題意識集6)明治図書、二〇〇三年
26 『論理的思考と授業の方法』(宇佐美寛・問題意識集7)明治図書、二〇〇三年
27 『授業をどう構想するか』(宇佐美寛・問題意識集8)明治図書、二〇〇三年
28 『〈実践・運動・研究〉を検証する』(宇佐美寛・問題意識集9)明治図書、二〇〇三年
29 『自分にとって学校はなぜ要るのか』(宇佐美寛・問題意識集10)明治図書、二〇〇三年
30 『大学授業の病理――FD批判――』東信堂、二〇〇四年
31 『「経験」と「思考」を読み解く』(宇佐美寛・問題意識集11)明治図書、二〇〇五年
32 『「価値葛藤」は迷信である――「道徳」授業改革論――』(宇佐美寛・問題意識集12)明治図書、二〇〇五年
33 『「道徳」授業をどう変えるか』(宇佐美寛・問題意識集13)明治図書、二〇〇五年
34 『授業の構想と記号論』(宇佐美寛・問題意識集14)明治図書、二〇〇五年
35 『教育のための記号論的発想』(宇佐美寛・問題意識集15)明治図書、二〇〇五年
36 『授業研究の病理』東信堂、二〇〇五年〔本書〕

Ⅱ 共著

1 『論争・道徳授業』（井上治郎氏との共著）明治図書、一九七七年
2 『「近現代史の授業改革」批判』（池田久美子氏との共著）黎明書房、一九九七年
3 『看護教育の発想』（米田和美氏との共著）看護の科学社、二〇〇三年

Ⅲ 編著

1 『看護教育の方法Ⅰ』医学書院、一九八七年
2 『放送大学で何が起こったか』（深谷昌志氏との共編著）黎明書房、一九八九年
3 『〈討論〉言語技術教育』明治図書、一九九一年
4 『看護教育の方法Ⅱ』医学書院、一九九三年
5 『作文の論理――〈わかる文章〉の仕組み――』東信堂、一九九八年

Ⅳ 訳書

1 L・H・ベイリ『自然学習の思想』明治図書、一九七二年（Liberty Hyde Bailey:*The Nature – Study Idea*, 1903）

現住所
千葉県我孫子市根戸六三二―一四 〒二七〇―一一六八

〔マ行〕

〔ヤ行〕

〔ラ行〕

索　引

授業研究の病理

2005年 6月30日　　初　版第1刷発行　　〔検印省略〕

＊定価はカバーに表示してあります

著者©宇佐美寛／発行者 下田勝司　　印刷・製本 中央精版印刷

東京都文京区向丘1-20-6　郵便振替00110-6-37828　発 行 所

〒113-0023　TEL(03)3818-5521　FAX(03)3818-5514　株式会社 東 信 堂

Published by **TOSHINDO PUBLISHING CO., LTD.**

1-20-6, Mukougaoka, Bunkyo-ku, Tokyo, 113-0023, Japan

E-mail : tk203444@fsinet.or.jp　http://www.toshindo-pub.com/

ISBN4-88713-618-8 C3037　

東信堂

〔世界美術双書〕

- バルビゾン派　井出洋一郎　二〇〇〇円
- キリスト教シンボル図典　中森義宗　二三〇〇円
- パルテノンとギリシア陶器　関隆志　二三〇〇円
- 中国の版画―唐代から清代まで　小林宏光　二三〇〇円
- 象徴主義―モダニズムへの警鐘　中村隆夫　二三〇〇円
- 中国の仏教美術―後漢代から元代まで　久野美樹　二三〇〇円
- セザンヌとその時代　浅野春男　二三〇〇円
- 日本の南画　武田光一　二三〇〇円
- 画家とふるさと　小林忠　二三〇〇円
- ドイツの国民記念碑―一八一三年―一九一三年　大原まゆみ　二三〇〇円

〔芸術学叢書〕

- 芸術理論の現在―モダニズムから　藤枝晃雄・谷川渥編著　三八〇〇円
- 絵画論を超えて　尾崎信一郎　四六〇〇円
- 幻影としての空間―図学からみた東西の絵画　小山清男　三七〇〇円

- イタリア・ルネサンス事典　J・R・ヘイル編　中森義宗監訳　七八〇〇円
- 美術史の辞典　P・デューロ他　中森義宗・清水忠訳　三六〇〇円
- 都市と文化財―アテネと大阪　関隆志編　三八〇〇円
- 図像の世界―時・空を超えて　中森義宗　二五〇〇円
- 美学と現代美術の距離―アメリカにおけるその乖離と接近をめぐって　金悠美　三八〇〇円
- アメリカ映画における子どものイメージ―社会文化的分析　K・M・ジャクソン　牛渡淳訳　二六〇〇円
- キリスト教美術・建築事典　P・マレー／L・マレー　中森義宗監訳　続刊
- 芸術／批評　0号・1号　責任編集　藤枝晃雄　各一九〇〇円

〒113-0023　東京都文京区向丘１―20―６　☎03(3818)5521　FAX 03(3818)5514　振替 00110-6-37828
E-mail:tk203444@fsinet.or.jp

※定価：表示価格(本体)＋税